# HISTÓRIA ECONÔMICA
## DA ESCOLA

Coleção
DIÁLOGOS EM HISTÓRIA DA EDUCAÇÃO

DIANA GONÇALVES VIDAL
WIARA ROSA ALCÂNTARA

# HISTÓRIA ECONÔMICA DA ESCOLA

## UMA ABORDAGEM ANTROPOLÓGICA EM CIRCUITO TRANSNACIONAL (1870-1910)

PREFÁCIO
Rosa Fátima de Souza Chaloba

© 2024 Editora Unesp

Direitos de publicação reservados à:
Fundação Editora da Unesp (FEU)
Praça da Sé, 108
01001-900 – São Paulo – SP
Tel.: (0xx11) 3242-7171
Fax: (0xx11) 3242-7172
www.editoraunesp.com.br
www.livrariaunesp.com.br
atendimento.editora@unesp.br

Dados Internacionais de Catalogação na Publicação (CIP) de acordo com ISBD
Elaborado por Vagner Rodolfo da Silva – CRB-8/9410

V648h

Vidal, Diana Gonçalves
    História econômica da escola: uma abordagem antropológica em circuito transnacional (1870-1910) / Diana Gonçalves Vidal, Wiara Rosa Alcântara; prefácio de Rosa Fátima de Souza Chaloba. – São Paulo: Editora Unesp / SBHE, 2024. [Coleção Diálogos em História da Educação].

    Inclui bibliografia.
    ISBN: 978-65-5711-234-2

    1. Educação. 2. Escola. 3. História econômica. I. Alcântara, Wiara Rosa. II. Título.

2024-829                                                    CDD 370
                                                           CDU 37

Editora afiliada:

Asociación de Editoriales Universitarias
de América Latina y el Caribe

Associação Brasileira de
Editoras Universitárias

# SUMÁRIO

# Prefácio

Não me esqueço da profunda impressão experimentada na leitura que fiz pela primeira vez de *Innovación pedagógica y racionalidad científica: la escuela graduada pública en España (1898-1936)*, de Antonio Viñao Frago. Eram idos de 1994 e eu me encontrava em Barcelona realizando um estágio de doutoramento que me propiciou o encontro com uma fértil literatura de renovação dos estudos históricos em educação, como os trabalhos de Agustín Escolano, André Chervel, António Nóvoa, Dominique Julia, Jean Hébrard, entre outros. O livro de Viñao denotava as novas possibilidades abertas pela história cultural para ampliar o questionário dos historiadores da educação, entre elas a operação com a categoria cultura escolar entendida como conjunto de aspectos institucionalizados que caracterizavam a escola como organização, expressos nas práticas e condutas, na história cotidiana do fazer escolar, nas representações dos sujeitos e nos objetos materiais cuja problematização deveria considerar aspectos como função, usos, a distribuição no espaço, materialidade física, simbologia, introdução, transformação e desaparecimento.

O horizonte vislumbrado pelo livro chamava a atenção para categorias de análise como cultura escolar e cultura material escolar que demarcavam uma virada epistêmica redirecionando a atenção dos pesquisadores para os aspectos internos da escola, nos quais sobressaía a problematização da arquitetura e espaços escolares, da ordenação do tempo e da materialidade da escola. Meu encantamento pela história da cultura material nasceu dessa leitura instigante. Desde então, venho explorando e revisitando pontualmente o tema e, à medida do possível, acompanhando a produção que se intensificou significativamente nas duas últimas décadas. Foi assim, com enorme satisfação, que recebi o convite para prefaciar este livro.

A materialidade da escola vem se constituindo em um objeto profícuo de investigação atraindo um conjunto expressivo de pesquisadores cujos trabalhos têm uma característica bem interessante, isto é, a ousadia na experimentação de novas abordagens e fontes de pesquisa e o investimento no exercício teórico-metodológico. Este livro de Diana Gonçalves Vidal e Wiara Rosa Alcântara é uma prova disto. A leitura do livro me fez recordar aquela sensação que tive com a obra de Vinão, isto é, o incômodo intelectual, o sentir-se provocado e convidado ao debate, o descortinar de novas possibilidades de investigação e interpretação da história da educação e da escola.

É, no mínimo, curiosa a inflexão ocorrida na trajetória da pesquisa sobre a cultura material atestada neste livro de Diana e Wiara. Da exploração internalista da cultura escolar, mas preocupada com os sentidos pedagógicos e políticos dos objetos, à compreensão do circuito transnacional dos artefatos escolares, há, por certo, mudança de perspectiva e uma reflexão aprofundada sobre o conhecimento já acumulado. Encontramos no livro uma outra forma de se inquirir a cultura escolar inserindo-a na dimensão econômica da sociedade em contextos exógenos à escola. Não é estranho, portanto, que esse deslocamento gere "efeitos cognitivos". Como bem nos ensina Jacques Revel, "É o princípio da variação de escala que importa, e não a escolha de uma escala peculiar de observação" (2010, p. 438).

A história econômica da escola, como a formulada neste livro de Diana Vidal e Wiara Alcântara, põe em questão os múltiplos modos pelos quais a escola (e, por que não dizer, a cultura escolar) está vinculada à sociedade, à cultura e à economia em escala nacional e internacional. Não há nada de novo nessa afirmação se tomada como um pressuposto há muito reiterado nas pesquisas educacionais. A novidade vem de outro lugar. Ela está no modo de operar com as categorias, na complexidade da interpretação e na construção da narrativa. Vale, portanto, assinalar o ineditismo deste livro no Brasil, publicado por uma das mais conceituadas editoras universitárias do país – a Editora Unesp – na coleção Diálogos em História da Educação, em parceria com a Sociedade Brasileira de História da Educação.

São raros os estudos em história econômica da educação. A historiografia tem analisado o período entre 1950 e 1980 desvendando os vínculos da educação com a ideologia do desenvolvimento nacional e os pressupostos da teoria do capital humano, predominante na política da educação brasileira no período da ditadura civil-militar. Mais recentemente, alguns pesquisadores têm se debruçado sobre a trajetória legal do financiamento para a educação e sobre o comprometimento orçamentário do Estado para as despesas com a educação pública. No entanto, o que surpreende na leitura do livro é o modo com as autoras reconstituem a história econômica da escola em suas dimensões culturais e simbólicas a partir da compreensão antropológica da cultura material como mercadoria.

Outro aspecto importante a destacar é a abordagem transnacional operada com requinte teórico-metodológico em todo o livro. No diálogo com uma profusão de fontes e com uma extensa e atualizada literatura, as autoras entretecem os fios de relações que transbordam as conexões entre países, no caso o Brasil com a França, Portugal, Espanha e Estados Unidos. A abordagem transnacional está em alta nas pesquisas no campo da educação atualmente. Mas o problema tem sido, de fato, operar com a abordagem de forma acurada e habilidosa como ela demanda. A vertente transnacional da história implica a adoção de procedimentos relacionais que ultrapassam as fronteiras nacionais buscando entrever as trocas, a circulação, o trânsito de pessoas, ideias, artefatos e mercadorias. Adotando essa atitude historiográfica, as autoras mobilizam com acurada perícia categorias analíticas como mediadores culturais, indústria escolar e consumo escolar desenvolvidas em uma narrativa envolvente, fluida e cativante.

Dessa maneira, a economia que atravessa a materialidade escolar é esmiuçada nos vários capítulos que compõem o livro constituídos por estudos específicos que tematizam o comércio local, as operações de oferta e consumo de materiais pelas escolas, as conexões e entrecruzamentos implicados na produção, distribuição e comercialização das grandes empresas internacionais como a Maison Deyrolle e as indústrias de fabricação de carteiras. O trânsito internacional de mercadorias (por exemplo, peças do museu escolar e quadros parietais) remete às relações econômicas internacionais com suas regulamentações e dinâmica de comercialização. Seja pelo estudo da indústria escolar local ou da indústria internacional passando pela problematização da constituição de monopólios e cartéis, como a análise do Syndicat Commercial du Mobilier et du Matériel d'Enseignement, o livro nos apresenta a complexa rede envolvida na fabricação e comercialização dos artefatos escolares.

O livro nos conduz para o universo das empresas, do mercado consumidor, das estratégias de provimento adotadas pelo Estado, das lojas e comércios, mas, principalmente, lança luz sobre a ação dos sujeitos em suas relações econômicas: negociantes, empresários, representantes comerciais, professores, diretores de escolas, políticos e administradores do ensino público.

Pode-se dessa maneira dizer que, sob vários aspectos, o livro ilumina a história da escola moderna oitocentista flagrando esse momento importante que foi a constituição dos sistemas nacionais de ensino em vários países, e, no Brasil, uma atenção maior dada aos problemas da educação popular e da ampliação da instrução pública. O livro entrevê outras faces da afirmação social da escola, isto é, a sua conversão em potencial mercado consumidor de mobiliário e materiais de ensino. Em seu processo histórico de construção e institucionalização, a escola demandou artefatos diversos e incentivou setores da economia como a indústria de mobiliário, as editoras de publicação de livros e cartilhas, as fábricas de produção de materiais didáticos, o comércio local e internacional.

Os historiadores da educação e os pesquisadores que se dedicam à história da cultura material escolar encontrarão neste livro, além de todos os aspectos já mencionados, uma sólida cartografia sobre o tema, uma discussão teórico-metodológica consistente e fartos exemplos de como realizar um estudo histórico rigoroso em perspectiva econômica e transnacional. Encontrarão, também, preciosas discussões sobre fontes e os desafios do uso pertinente de notas de compras de materiais, correspondências, catálogos, propagandas, despachos aduaneiros, inventários de bens, registros de patentes, notas de vapores, entre outras.

*História econômica da escola* nos convida a perscrutar a trajetória de modernização da escola no século XIX compreendendo os meandros do provimento material e suas implicações econômicas. Por tudo isso, é leitura indispensável a todos os interessados em educação.

Uma última observação. As autoras afirmam terem enfrentado três grandes desafios na concepção e escrita do livro: o da interdisciplinaridade, o da localização das fontes e a questão simbólica de interpretação da materialidade. Só tenho a dizer que elas foram muito bem-sucedidas nesses enfrentamentos e que o livro, mais que encerrar uma discussão, abre o debate; mérito de inegável importância este de avistar outras tantas possibilidades do estudo histórico da educação.

*Rosa Fátima de Souza Chaloba*
Araraquara, outono quente de 2024.

## Referências

REVEL, Jacques. Micro-história, macro-história: o que as variações de escala ajudam a pensar em um mundo globalizado. *Revista Brasileira de Educação*, v.15, n.45, p.434-590, set./dez. 2010.

VIÑAO, Antonio. *Innovación y racionalidad científica: la escuela graduada pública en España (1898-1936)*. Madri: Akal Universitaria, 1990.

# Introdução

Este livro marca uma trajetória de 29 anos de investigação, iniciada em 1995 com o projeto "A escola na sua materialidade: estratégias e táticas (Distrito Federal, 1927-1930)",[1] e atualmente em andamento sob a égide do projeto temático "Saberes e práticas em fronteiras: por uma história transnacional da educação (1810-...)",[2] ambos liderados por Diana Vidal e apoiados pela Fapesp. Neste último, Wiara Alcântara participa como pesquisadora associada ao segundo eixo, intitulado "Sujeitos e artefatos: movimentos e vestígios". Entre ambos, as autoras integraram o projeto "Por uma teoria e uma história da escola graduada (1870-1930),[3] liderado por Rosa Fátima de Souza-Chaloba, que congregou quinze estados brasileiros.[4] Foi organizado em quatro grupos de trabalho, sendo o segundo intitulado

---

1 O projeto foi financiado pela Fapesp (processo nº 95/09361-6) e deu origem ao Núcleo Interdisciplinar de Estudos e Pesquisas em História da Educação (NIEPHE). Informações sobre o núcleo estão disponíveis em https://sites.usp.br/niephe/.

2 Processo nº 2018/29966-4.

3 Contemplado no Edital Universal CNPq, Faixa C, 2007.

4 Foram eles: Acre, Maranhão, Piauí, Rio Grande do Norte, Paraíba, Sergipe, Bahia, Rio de Janeiro, Minas Gerais, São Paulo, Mato Grosso, Goiás, Paraná, Santa Catarina e Rio Grande do Sul.

"Exame da materialidade da escola graduada pelo estudo da cultura material escolar".[5]

Por certo, como declarou Rosa Fátima de Souza,[6] o interesse pela cultura material escolar no Brasil veio associado à crescente disposição dos historiadores da educação pela "preservação de fontes de pesquisa e de memória educacional em arquivos escolares, museus e centros de documentação".[7] Ou seja, "o mundo dos objetos tem entrado em cena nem sempre como foco principal da análise, mas como um componente da interpretação histórica voltada para o estudo das representações e práticas escolares".[8] Foi essa decisiva inclinação pelas práticas escolares, aliás, que guiou os investimentos iniciais em 1995, que, entretanto, se desdobraram em análises mais precisas sobre os artefatos, como a realizada acerca da carteira escolar por Wiara Alcântara.[9]

É preciso tomar duas precauções quando se aborda a cultura material escolar.[10] A primeira concerne ao reconhecimento de que os estudos sobre a cultura material constituem, eles mesmos, um campo de investigação, com uma história a ser observada. A segunda diz respeito à polissemia do termo. A expressão "cultura material" tanto pode remeter a artefatos quanto a elementos materiais do universo em que vivemos, como por exemplo o meio ambiente, a natureza, a urbanização das cidades, a arquitetura dos edifícios e

---

5 Faziam parte do GT2, ainda, os(as) pesquisadores(as) Cesar Castro, Eliane Peres, Gizele de Souza, Vera Gaspar da Silva; e as alunas, à época cursando a pós-graduação, Diana Rocha da Silva, Etienne Barbosa, Franciele França, Marilia Petry e Solange Machado. Para uma primeira aproximação aos resultados do projeto, cf. Castro (org), *Cultura material escolar:* a escola e seus artefatos (MA, SP, PR, SC e RS, 1870-1925).

6 Souza, História da cultura material escolar: um balanço inicial. In: Bencosta (org.), *Culturas escolares, saberes e práticas educativas:* itinerários históricos, p.163-89.

7 Ibid., p.170.

8 Ibid.

9 Alcântara, *Por uma história econômica da escola:* a carteira escolar como vetor de relações.

10 Vidal, História da educação como arqueologia: cultura material escolar e escolarização, *Linhas,* p.251-72.

até mesmo o tempo. Neste livro, operamos apenas com a categoria artefatos, também denominada de objetos em algumas passagens.

Os capítulos aqui reunidos evidenciam as mudanças que foram se operando na reflexão sobre a problemática no campo historiográfico em educação: de um olhar local para a dimensão transnacional; de uma atenção aos objetos tomados como índices de inovação das práticas no interior das escolas primárias para a percepção das pressões externas sobre os fazeres escolares investidas por agentes comerciais e industriais no cenário da educação de massas; de uma análise sobre a materialidade considerada de maneira genérica para o mergulho no estudo de um único objeto; de uma atenção à cultura material escolar para interrogações sobre uma história econômica da escola.

Particularmente, no que se refere a esse último aspecto, percebe-se atualmente um número crescente de pesquisas interessadas na relação entre escola e mercado a partir do século XIX. Algumas buscam compreender a dimensão econômica da escola de massa como objeto central; em outras, essa discussão aparece de modo transversal. Sem pretender criar classificações, importa mencionar, ainda que de forma breve, um conjunto de investigações que têm contribuído na elaboração de uma história econômica da escola.

Em 2003, Juri Meda atuou na publicação de um catálogo contendo uma lista de editoras e impressoras do século XIX. Tanto uma história da publicação quanto uma história da indústria de material escolar, os desdobramentos desse trabalho ampliaram o conhecimento sobre os fabricantes e impressores de cadernos de exercícios, fábricas de papel, gráficas e livrarias na Itália, nos séculos XIX e XX.[11] Em 2005, Martin Lawn[12] tratou dos modos pelos quais a escola ligava objetos a ações, da relação especial entre inovadores e artefatos, e da economia e do método de produção desses artefatos escolares.

---

11 Chiosso (ed.), *TESEO:* tipografi e editori scolastico-educativi dell'Ottocento.

12 Lawn, A Pedagogy for the Public: The Place of Objects, Observation, Mechanical Production and Cupboards. In: *Materialities of Schooling:* Design, Technology, Objects, Routines, p.145-62.

Juri Meda[13] estudou também os processos econômicos articulados ao desenvolvimento da escolarização de massa e a consequente transformação da manufatura escolar em indústria escolar. Anna Ascenzi[14] analisou os arquivos da empresa Cartiere Paolo Pigna, em Alzano Lombardo (Bérgamo, Itália), uma grande fábrica de papel que se tornou conhecida não apenas por sua produção de alta qualidade, mas também por acompanhar a tecnologia e pela capacidade de emergir em um setor da economia, o de publicação para a escola, que em meados do século XIX estava fragmentado em várias oficinas de artesanato, pequenas e pouco mecanizadas.

No Brasil, entre as primeiras investigações que se debruçaram sobre a temática, pode-se mencionar o trabalho de Vidal,[15] no qual a autora tratou da circulação transnacional (Brasil, Portugal e França) de um museu escolar fabricado pela empresa francesa Deyrolle. Gizele de Souza e Vera Gaspar da Silva[16] demonstraram que, concomitantemente à atuação de um grande comércio, houve também outras relações firmadas entre compra e venda, negócios combinados, traduzidos por modos diversos nos processos de contratação, negociação e provimento material da escola primária no Brasil. Heloísa Helena Pimenta Rocha[17] analisou os catálogos comerciais da Companhia Melhoramentos de São Paulo, empresa editorial que teve importante atuação na produção e comercialização de uma ampla gama de objetos escolares, buscando examinar a atuação da indústria na configuração da cultura material da escola primária, nas primeiras décadas do século XX. Juarez José Tuchinski dos

---

13  Meda, *Mezzi di educazione di massa:* Saggi di storia dela cultura materiale e la scuola tra XIX e XX secolo.

14  Ascenzi, As fábricas de papel pigna e a produção industrial de cadernos escolares (Itália, entre os séculos XIX e XX), *Educar em Revista.*

15  Vidal, O Museu Escolar Brasileiro: Brasil, Portugal e a França no âmbito de uma história conectada (final do século XIX). In: *Para a compreensão histórica da infância,* p.239-64.

16  Souza; Silva, Negócios combinados: modos de prover a escola pública primária (em fins do século XIX e início do XX), *Educar em Revista.*

17  Rocha, Indispensáveis em todas as escolas: uma incursão no mundo dos objetos escolares, *Educar em Revista.*

Anjos[18] abordou experiências industriais de produção de móveis para a escola, entre 1868 e 1883, no Brasil Imperial.

Trabalhos efetuados em nível de pós-graduação também se endereçaram à questão, como a tese de Wiara Alcântara,[19] defendida em 2014, sobre a emergência e o crescimento do número das fábricas de carteira escolar, em São Paulo, bem como sobre o comércio internacional desse novo mobiliário escolar; a dissertação e a tese de Gustavo Rugoni de Sousa, defendidas em 2015[20] e 2019,[21] respectivamente, tendo como objeto as fábricas de móveis e o mercado de mobiliário escolar; e o mestrado de Gecia Garcia,[22] defendido em 2020, sobre os processos de aquisição dos móveis escolares para a instrução pública primária no Paraná, entre o fim do século XIX e início do XX.

Esse breve, e não exaustivo, levantamento revela o aumento, no Brasil e em outros países, do interesse em investigar a dimensão econômica da escola de massas; as relações dos setores públicos e privados na expansão da escolarização obrigatória; ou, ainda, a simbiose cultural entre escola e indústria escolar no processo de institucionalização da escola.

## Questões teórico-metodológicas

Se, em 2011, Vidal e Gaspar destacaram o baixo número de produções sobre os "usos, a fabricação e comercialização dos artefatos escolares, ou seja, o mapa das rotas entre idealização, fabricação,

---

18 Anjos, Para uma história da protoindústria escolar no Brasil Império: a fábrica Röhe & Irmãos e seus bancos-carteira (1868-1883), *Educar em Revista*, p.71-94.

19 Alcântara, op.cit.

20 Sousa, *Da indústria à escola:* relações da fábrica de móveis Cimo com o mercado escolar (1912-1952).

21 Id., *A (re)invenção do mobiliário escolar:* entre saberes pedagógicos, higienistas e econômicos (1851-1889).

22 Garcia, *Itinerário moveleiro:* o provimento material escolar para a instrução primária paranaense (anos finais do século XIX e início do século XX).

comercialização e usos",[23] nos últimos anos esse investimento cresceu de forma considerável. Todavia, ainda temos lacunas significativas do ponto de vista teórico-metodológico. Precisamos avançar na delimitação da perspectiva de história econômica que estamos considerando. Ao desenvolvermos investigações que tenham por objeto a dimensão econômica da escola de massas, não se deve tratar como óbvio o entendimento de história econômica que estamos operando. Essa problematização é importante na definição dos limites e das possibilidades da investigação, na especificação daquilo que se pretende ou não evidenciar.

Nesse sentido, destaca-se a importante contribuição do trabalho de Cynthia Greive Veiga.[24] A autora delimita com clareza os sentidos em que usa o conceito de economia escolar ou, ainda, a história como um fenômeno econômico. Ao se interrogar sobre a economia escolar, Veiga toma como fundamento a compreensão de Polanyi,[25] pois, segundo ela, Polanyi

> [...] refuta o significado formal de economia entendido como resposta à escassez tendo o mercado como solução natural, e a define como "os processos de interação humana com seu meio natural e social, para produzir o que precisa para viver".[26]

Em uma aproximação da sociologia econômica, Veiga[27] reflete sobre a escola como fenômeno econômico com recorte nos temas da demanda e da oferta escolar e na condição material das escolas.

---

23 Vidal; Gaspar, Por uma história sensorial da escola e da escolarização. In: *Cultura material escolar:* a escola e seus artefatos (MA, SP, PR, SC e RS, 1870-1925), org. Cesar A. Castro, p.36.

24 Veiga, A história da escola como fenômeno econômico: diálogos com história da cultura material, sociologia econômica e história social. In: Silva; Souza; Castro (orgs.), *Cultura material escolar em perspectiva histórica:* escritas e possibilidades, p.29-66.

25 Polanyi, *A subsistência do homem e ensaios correlatos.*

26 Veiga, op.cit., p.32.

27 Ibid., p.29-66.

Valendo-se dos estudos de Bucaille e Pesez,[28] faz outro alerta importante ao afirmar que "a história da cultura material e a história econômica, apesar de fortemente ligadas, são nitidamente distintas, ainda que analisar sua associação seja fundamental para ampliarmos a compreensão da materialidade do processo escolarizador".[29]

Esse alerta implica destacar que fazer listas de inventários, identificar o preço dos objetos e listar as empresas fabricantes são procedimentos que, em si, não necessariamente corroboram para evidenciar as relações materiais, econômicas, sociais, culturais e político-administrativas em meio às quais foram criadas as escolas e as condições de trabalho de professores e alunos.

Há aproximações e distanciamentos entre os modos empregados por Veiga[30] e os que aqui desenvolvemos para compreender os aspectos econômicos da criação, funcionamento e expansão da escola pública, obrigatória e de massas, particularmente no que concerne à nossa insistência nos aspectos simbólicos das ações econômicas e em uma concepção de economia que não esteja apartada das relações sociais e políticas.

Nesse sentido, valemo-nos das conjecturas de Arjun Apadurai,[31] quando propugna por uma antropologia das coisas. A vertente tem como objetivo analisar a cultura material escolar sob a perspectiva da "mercadoria". Concebe que esse processo ocorre no interior de um quadro cultural que produz regimes de valor, rotas socialmente reguladas e desvios competitivamente motivados, relação entre desejo e demanda e formas sociais e partilhadas de conhecimento (conhecimento da produção e do consumo). Esse empreendimento requer o conhecimento sobre a produção, mercado, público consumidor e destino da mercadoria. Ao mesmo tempo, convoca à interdisciplinaridade, entrelaçando o campo da educação com a história da indústria escolar, comércio, consumo,

---

28 Bucaille; Pesez, Cultura material, in: *Enciclopédia Einaudi*, v.16, p.11-47.
29 Veiga, op.cit., p.34.
30 Ibid., p.29-66.
31 Appadurai, Introdução: mercadorias e a política de valor. In: _____, *A vida social das coisas:* As mercadorias sob uma perspectiva cultural.

mercado, mediadores e cartéis, importação e exportação, relações internacionais, bem como a história do consumo social, das relações simbólicas, dos afetos e da musealização.

Por certo, essa abordagem de história econômica não está desconectada dos impactos que a história cultural teve e tem na pesquisa do campo histórico-educacional nas últimas décadas, tanto no que implica uma recusa à concepção determinista da economia sobre a vida social – mesmo em um momento no qual a industrialização e o modo de produção e consumo capitalistas disseminam-se velozmente pelo mundo – quanto de uma ênfase em aspectos quantitativos. Aproxima-se, assim, de uma abordagem antropológica da história econômica centrada na "construção social e cultural dos vínculos econômicos".[32]

De acordo com José Jobson Arruda, a associação da Antropologia com a história corrobora para que a nova história aponte

[...] dois aspectos metodológicos principais na nova história econômica: partindo de bases materiais ou simbólicas, possa compreender o universal partindo do singular e vice-versa e, inscrevendo as particularidades na macro-história, em sua cadeia relacional, transcorrer da descrição à análise, da narração à reflexão sistemática [...]. Desse encontro nasceria, por certo, uma nova História Econômica, que se realizaria no espaço ampliado da dimensão histórica, recuperando a um só tempo a história das relações sociais de produção, da circulação e consumo de mercadorias, do universo mental e simbólico de produtores e consumidores. Um exemplo paradigmático dessa possibilidade é a compreensão do consumo na sociedade pós-moderna, a partir do universo simbólico ligado às aspirações sociais.[33]

---

32 Aidar; Gil; Pesavento, A história econômica colonial e a ABPHE. In: Saes; Ribeiro; Saes (orgs.), *Rumos da história econômica no Brasil: 25 anos da ABPHE*, p.349.

33 Arruda, História econômica e história cultural: uma trajetória historiográfica, *Revista Brasileira de Gestão e Desenvolvimento Regional*, v.4, p.7 e 16.

Esse olhar para a construção social e cultural dos vínculos econômicos, e para a dimensão simbólica e as aspirações sociais, indica uma história econômica preocupada com os sujeitos, suas práticas e as representações imbricadas no consumo de objetos escolares. Daí o olhar para os objetos de desejo e os objetos de necessidade.

Aqui, a análise de uma história econômica da escola ou da cultura material escolar não se limita a uma vertente do *homo economicus*, pois tanto a produção quanto o consumo e a distribuição de materiais escolares não podem ser apartados de suas dimensões culturais e simbólicas. Por isso, a definição de quais escolas, quais professores e quais alunos se beneficiam com certos recursos não se restringe apenas às questões estruturais e logísticas, mas também às simbólicas.

Assim, ao falarmos da relação entre a escola urbana e o mercado local, é importante não limitar o "mercado" a um mecanismo puro, com leis próprias de oferta e demanda, com uma "mão invisível", ou seja, uma abstração apartada de elementos sociais e simbólicos. No entendimento de Bourdieu,[34] "A ciência que designamos por 'economia' assenta numa abstração originária, que consiste em dissociar uma categoria particular de práticas, ou uma dimensão particular de qualquer prática, da ordem social em que toda a prática humana se encontra imersa".

Para o autor, "[...] tudo que a ortodoxia econômica dá como puro dado, a oferta, a demanda, o mercado, é produto de uma construção social, uma espécie de artefato histórico ao qual apenas a história pode dar razão".[35] Tomar o mercado de material e mobiliário escolar como uma construção social é uma opção teórico-metodológica que minimiza o risco de se adotar uma visão não histórica da história econômica da escola.

---

34  No original: "[...] *tout ce que l'orthodoxie économique se donne comme une pure donné, l'offre, la demande, le marché, est le produit d'une construction sociale, une sorte d'artefact historique dont seule l'histoire peut rendre raison.*" Bourdieu, Introdução. In: _____, *As estruturas sociais da economia*, p.13.

35  Id., Le champ économique, *Actes de la recherche en sciences sociales*, v.119, p.49.

Historicizar as relações econômicas da escola permite desnaturalizar a materialidade da cultura escolar, a relação das escolas, dos professores e dos alunos com os objetos e recursos didáticos, com as tecnologias educacionais. É por entender que as relações econômicas estão atravessadas por elementos culturais que se busca desenvolver aqui uma história econômica da escola urbana entendida no cruzamento e no confronto de uma diversidade de fontes, mas também de diferentes áreas do conhecimento, como defende Witold Kula.[36] Para esse autor, na análise do objeto, o historiador econômico pode se valer das contribuições de outras disciplinas históricas, como a história política e a história da cultura material, do direito e dos movimentos sociais.

A percepção das dimensões simbólicas que atravessam os processos, à primeira vista, puramente comerciais, exige uma perspectiva de história econômica que considere fatores exógenos e endógenos à economia,[37] mas que atente também para elementos que a princípio não são monetários ou de mercado. Isso significa ajustar a lente para perceber os aspectos simbólicos da atuação das empresas e dos produtos por elas comercializados.

No que se refere à indústria escolar, tem a ver, por exemplo, com o uso dos ditames médico-higiênicos na criação dos modelos de carteira pelo entendimento de que atenderiam a uma representação cultural que circulou no período acerca de modelos e *design* ideais de mobiliário escolar; ou com os significados sociais e educacionais atribuídos ao museu escolar como signo da modernidade educativa e da eficiência escolar. É nesse sentido que os objetos escolares, como mercadorias, não podem ser interpretados apenas como uma questão puramente comercial de mercado e propaganda. Há claros elementos culturais e simbólicos que atravessam as opções comerciais para a empresa que fabrica e as opções econômicas, administrativas, políticas e educativas para o Estado e a escola que consomem.

---

36 Kula, *Problemas y métodos de la historia económica.*
37 Barros, História econômica: considerações sobre um campo disciplinar, *Revista de Economia Política e História Econômica*, n.11, p.5-51.

Daí a relevância de, como insiste Witold Kula,[38] tratar dos problemas de pesquisa em sua integridade, ainda que se reconheçam os traços distintos da cultura material e da história econômica. Desse modo, concordando com Barros,[39] aqui operamos com a compreensão de que não existe o fato econômico apartado de outros fatores. "Os fatos econômicos frequentemente acham-se imbricados com fatos políticos, sociais, culturais, institucionais, ou mesmo ligados às mentalidades".[40] O procedimento interdisciplinar tem permitido perceber a constituição de uma cultura, desde as últimas décadas do século XIX, nos modos de provimento material da escola que não está desvinculada do próprio modelo e da natureza da escola moderna. Ou seja, uma escola para as massas cujos meios de suprimento estão estritamente atrelados aos modos de produção de massa.

A compreensão mais alargada, a partir de uma abordagem antropológica da história econômica, ajuda a perceber as especificidades locais do consumo de objetos escolares, mas também os significados que são partilhados em escala transnacional. De modo que o processo de expansão da escolarização, do ensino primário ao superior, demanda para sua compreensão a consideração de elementos, também econômicos, para além das fronteiras do Estado-nação. Uma abordagem que não se restrinja aos muros da própria escola, pois esta movimentou, desde o século XIX, em sua criação e funcionamento, um conjunto de serviços urbanos, novos objetos, mobiliário e materiais produzidos e/ou comercializados por empresas locais ou estrangeiras. Isso impõe uma investigação interdisciplinar, para além do campo da educação, pois os objetivos de compra e venda de mercadorias e artefatos escolares não se limitavam aos interesses pedagógicos ou da instrução pública. Respondiam, também, a demandas de ordem econômica, cultural, social e científica.

---

38  Kula, op.cit.
39  Barros, op.cit., p.5-51.
40  Ibid., p.26.

A escola moderna se constituiu em um contexto de interdependências múltiplas, o que permite falar em mutualismo ou *simbiose cultural*. Ou seja, de um lado, sujeitos e empresas de diferentes nacionalidades, no âmbito das migrações transcontinentais e da marcha da globalização, propiciaram o funcionamento e a expansão daquele modelo de escola ao se tornarem fornecedores e produtores de materiais escolares. De outro, a expansão e institucionalização da escola favoreceram o surgimento da indústria escolar e o crescente comércio de objetos escolares em escala mundial. Assim, a escola moderna só poderia se expandir para as massas se houvesse um modo de equipá-la em um curto espaço de tempo com o mobiliário e os materiais necessários ao seu funcionamento. Esse modo foi encontrado na indústria e/ou comércio. Entretanto, a indústria escolar existiria apenas se houvesse uma escola em expansão demandando em quantidade e frequência considerável suas mercadorias. São relações benéficas para ambos os modelos de escola moderna e capitalista de indústria escolar, gerando uma escola e um comércio *glocal*, neologismo criado pela junção de "global" e "local", evidenciando o entrelaçamento de espaços, referências e imaginários.[41]

A escola tornou-se um mercado consumidor tão importante que mobilizou a economia em escala mundial. Grandes empresas se estruturaram em um cenário internacional para vender suas mercadorias. Foram modernas carteiras e outros móveis escolares, animais empalhados, modelos anatômicos e de botânica, pranchas ou quadros parietais, coleções de mineralogia, aparelhos e substâncias para o ensino de química, instrumentos para o ensino de física, jogos para o ensino de matemática, quadros para história e geografia, dentre outros.

O século XIX, conhecido como o século da difusão mundial da escola,[42] propiciou que diversos países passassem a discutir com mais afinco questões como o modelo arquitetônico dos prédios

---

41 Chartier, Micro-história e globalidade. In: _____, *A história ou a leitura do tempo*, p.57.

42 Nóvoa, *Os professores e as reformas de ensino na viragem do século, 1886-1906*.

escolares,[43] a higiene escolar,[44] a formação docente,[45] a frequência escolar obrigatória,[46] dentre outras. Garantir a expansão da escola pública exigiria do Estado não apenas a criação/construção de novos prédios, mas a contratação de professores formados, um mobiliário adequado e um conjunto de materiais escolares e não escolares necessários ao funcionamento da instituição.

Todavia, no que tange ao suprimento material e mobiliário da escola, o Estado não possuía fábricas que pudessem cumprir essa função. É nesse espaço que empresários e industriais enxergaram uma nova demanda de mercado, um novo nicho da economia local e internacional. Nesse sentido, pode-se afirmar que a escola pública já nasceu demandando uma relação com os setores privados da economia, tanto no âmbito local quanto internacional. Foram, portanto, as representações quanto ao modelo de escola moderna a ser disseminado para as massas que ensejaram, de começo, uma fabricação industrial da própria escola e dos objetos por ela consumidos.

Os modos como essa fabricação da escola se deu em escala *glocal* são um dos interesses deste livro. A partir da segunda metade do século XIX, a escola se tornou cada vez mais um fenômeno transnacional, com manifestações, dinâmicas e organizações peculiares em suas realidades locais. Por isso, a categoria jogos de escalas[47] tem sido fértil por favorecer a mudança de lentes entre o macro e o micro e, como corolário, a percepção e (re)leitura de processos pouco problematizados na história da educação.

---

43 Bencostta (org.), *História da educação, arquitetura e espaço escolar.*
44 Rocha; Gondra, A escola e a produção de sujeitos higienizados, *Perspectiva*, v.20, p.493-512.
45 Tanuri, História da formação de professores, *Revista Brasileira de Educação*, n.14, p.61-88; Vicentini; Lugli, *História da profissão docente no Brasil*: representações em disputa.
46 Vidal; Sá; Silva, *Obrigatoriedade escolar no Brasil.*
47 Revel (org.), *Jogos de escala*: a experiência da microanálise; Rosental, Construir o macro pelo micro: Fredrik Barth e a microstoria. In: Revel, op.cit., p.151-72; Struck; Ferris; Revel, Introduction: Space and Scale in Transnational History, *The International History Review*, v.33, p.573-84.

Nas palavras de Paul-André Rosental,[48] "o conhecimento produzido pelos historiadores é relativo a uma escolha de escala; multiplicar os ângulos de abordagem é o recurso mais fecundo para a historiografia". Por isso, o foco da lente aqui é constantemente ajustado. Ora ele é direcionado para uma escala micro, considerando o comércio local, um artefato ou sujeito; ora, a uma escala macro, tomando o comércio nacional, internacional e transnacional de objetos escolares e as viagens, sem que micro e macro sejam consideradas de modo separado.

Revel,[49] por sua vez, afirma que "variar a objetiva não significa apenas aumentar (ou diminuir) o tamanho do objeto no visor, significa modificar sua forma e sua trama". Desse modo, a mudança de escala permite interrogar tanto o comércio transnacional como o comércio local de objetos escolares e, ainda, os dois ao mesmo tempo. Esse procedimento pode evidenciar como a escola movimentou o comércio, local e internacional, em um contexto de expansão e difusão mundial da escola, de globalização, de fluxos transcontinentais de pessoas e mercadorias, de considerável crescimento urbano das cidades.

Associamos à dimensão econômica, assim, uma perspectiva transnacional. Primeiro por reconhecermos que a promoção de uma escola de massas, no Oitocentos e Novecentos, só se pode efetivar por meio da iniciativa do Estado, fosse na contratação de professores, na organização de espaços e tempos escolares; fosse no equipamento material e mobiliário para o ensino. Nessa medida, é importante guardar como elemento da análise a dimensão nacional. Importante, mas não suficiente, quando se avalia a circulação internacional de sujeitos educacionais, artefatos escolares e modelos pedagógicos, transcendendo o território da nação, no período. Por ser uma "história que cruza fronteiras", como propõe Eckhardt Fuchs,[50]

---

48  Rosental, op.cit., p.152.
49  Revel, op.cit.
50  Fuchs, History of education beyond the Nation? Trends in Historical and Educational Scholarshi. In: Bagchi et al. (eds.), *Connecting histories of education:* Transnational and cross-cultural exchances in (post) colonial education.

a história transnacional torna-se operatória ao exercício do historiador da educação.

A abordagem põe em cena duas problemáticas: a redefinição de territórios e a ênfase na agência de atores não estatais. No que se refere à primeira, reforça-se a necessidade de combinar as fronteiras nacionais com o processo de desterritorialização e reterritorialização a partir do enfoque no objeto de estudo. Ou seja, concebe-se o território como dinâmico e produzido a partir dos deslocamentos efetuados pelos sujeitos e pelos artefatos em rotas que cruzam contextos internacionais e revelam relações transnacionais, enredamentos e dependências.[51] Emerge aqui a segunda problemática enunciada, na medida em que se provoca a análise que segue os percursos tramados pelos atores não estatais, sejam eles ligados aos fazeres escolares propriamente ditos ou a empresas, indústrias e comércio escolar, e observar as maneiras como interferem nos processos de escolarização e produzem sentido em suas ações.

Deste modo, como destacam Bernhard Struck, Kate Ferris e Jacques Revel, uma análise transnacional pode ser efetuada em uma escala inferior ao mundo, como por exemplo uma região. O interesse recai sobre a multiplicidade espacial das vidas dos sujeitos e de suas experiências, variando de micro a macroescalas. A abordagem entretece, assim, dimensões nacionais ou globais, revelando "um número de escalas policêntricas em interação", com acento sobre a permeabilidade das trocas sociais, culturais, econômicas e políticas.[52]

## A estrutura da obra

Fruto de quase trinta anos de investigação, este livro reúne textos publicados anteriormente em livros ou revistas, no país ou no exterior, escritos por nós em coautoria ou não. Revelam o esforço

---

51  No original, *"history that crosses boundaries"*. Fuchs, op.cit., p.15.
52  Struck; Ferris; Revel, op.cit., p.577.

contínuo de reflexão sobre a cultura material escolar e a expansão de suas fronteiras de análise, explorando campos de conhecimento conexos e novas referências bibliográficas, na composição de uma história econômica do processo de escolarização. Expressam ainda a potencialidade das colaborações acadêmicas na formação e no exercício conjunto de investigação. Trata-se da versão em português de artigos que circularam apenas em inglês e reformulações de escritos e acréscimos de trechos ou subitens, efetuados de modo a conferir organicidade e atualidade à obra e ampliar sua densidade teórica ou empírica. Em notas de rodapé, esclarecemos os procedimentos adotados. Apenas esta Introdução, o Capítulo 6 e a Conclusão são inteiramente inéditos.

No Capítulo 1, para entender as maneiras como o campo internacional da história da educação foi se aproximando da chamada virada material, demarcamos um ponto de inflexão, ocorrido nos anos 1970. Isto é, as mudanças operadas no ofício do historiador com a reintrodução da cultura como um elemento fundamental à interpretação do mundo social; bem como aos novos aportes dos estudos da cultura material que incitaram à elaboração de uma teoria das práticas que indaga sobre como os sujeitos constroem e elaboram as práticas culturais. Para tanto, discutimos as relações entre cultura e práticas escolares, procurando desenhar o cenário inicial dos debates. Debruçamo-nos sobre quatro vertentes dos estudos sobre a materialidade da escola: museológica ou do patrimônio educativo; tecnológica ou de inovação; bibliotecária ou dos manuais escolares; e sociocorporal. Indicamos novos problemas de pesquisa relativos à história econômica (abarcando a história da indústria, das patentes e do comércio nacional e internacional) e à perspectiva transnacional.[53]

No Capítulo 2, discorremos acerca dos desafios de localização e análise das fontes, bem como de construção de inteligibilidades às relações internacionais no contexto de disseminação da escola

---

53 Este texto, com algumas alterações, foi publicado como Vidal; Alcântara, The Material Turn in the History of Education, *Educació i Història: Revista d'Història de l'Educació*, n.38, p.11-32.

moderna no Oitocentos. Para tanto, destacamos duas ciências, na arena educativa, paradigmáticas à reflexão sobre a posição relativa dos países no concerto das nações: a estatística e a educação comparada. Delimitamos, também, algumas categorias, com as quais operamos na estruturação deste livro. São elas: mediadores culturais, indústria escolar e consumo escolar.[54]

No Capítulo 3, investigamos a comercialização e a circulação de quadros parietais da Maison Deyrolle entre países como Brasil, Portugal e França, do fim do século XIX ao início do século XX. Ao extrapolar a análise para além da realidade nacional ou local, damos destaque às relações multilaterais e policêntricas que caracterizaram a difusão mundial da escola. Na análise da cultura material escolar, inserem-se perspectivas que enfatizam a importância da interação e da circulação de ideias, pessoas, instituições e tecnologias através das fronteiras estaduais ou nacionais e, portanto, o emaranhamento e a influência mútua de estados, sociedades e culturas.[55]

No Capítulo 4, o interesse residiu em pensar como a escola, enquanto fenômeno urbano e moderno, também movimenta o mercado local. Analisamos o caso da comercialização de objetos, cuja função precípua não era o uso escolar, de uma casa comercial portuguesa, a Casa Lebre, Mello & Comp., para uma escola de formação de professores, a Escola Normal Caetano de Campos, e uma instituição de ensino superior, a Escola Politécnica, ambas em São Paulo.[56]

---

54 Este texto toma suas formulações de Vidal, A invenção da modernidade educativa: circulação internacional de modelos pedagógicos, sujeitos e objetos no Oitocentos. In: Curyn; Mariano (orgs.), *Múltiplas visões:* cultura histórica no Oitocentos, p.39-58; e Vidal, História da educação como arqueologia: cultura material escolar e escolarização, *Linhas*, v.18, p.251-72.

55 Foi publicado originalmente como Vidal, Transnational Education in the Late Nineteenth Century: Brazil, France and Portugal Connected by a School Museum, *History of Education*, v.46, p.228-41.

56 Foi publicado originalmente como Alcântara, Cultura material escolar e comércio local: uma abordagem da história econômica sobre a escola urbana, *Revista Iberoamericana do Patrimônio Histórico-Educativo*, v.7, p.1-24. Parte deste trabalho também foi apresentada por Alcântara no XII Congresso Luso-Brasileiro de História da Educação, realizado pela Universidade Federal de Mato Grosso, na cidade de Cuiabá (MT), nos dias 23 a 26 de junho de 2020.

No Capítulo 5, a carteira escolar foi tomada como fio condutor da análise acerca da indústria de mobiliário escolar, mais especificamente da indústria transnacional de carteira escolar. Abordamos, de modo breve, o caso da produção artesanal do mobiliário escolar, entendendo que esse procedimento evidencia os diferentes modos de produção que impulsionaram a escola e foram por ela impulsionados.[57]

No Capítulo 6, tratamos da emergência da indústria de mobiliário escolar nacional. O destaque foi dado ao caso da empresa Eduardo Waller & Comp., pois as investigações até aqui realizadas indicam que esta, provavelmente, foi a primeira indústria de grande porte a atuar na fabricação de carteiras e outros móveis escolares, segundo os ditames da higiene e da pedagogia moderna, na última década do século XIX. Discorremos sobre a constituição e a atuação empresarial, sobre produtos e patentes e as relações com instituições de ensino.

No Capítulo 7, ao explorar o mercado livreiro, abordamos as estratégias de comercialização de impressos destinados à escola e às classes populares, tomando o caso da Editora David Corazzi como mote. Foi possível estudar a circulação desses artefatos culturais entre Brasil e Portugal, bem como caracterizar os impressos da *Bibliotheca do Povo e das Escolas*, compreendendo os aspectos materiais como parte integrante do empreendimento comercial.[58]

No Capítulo 8, o caso do Syndicat Commercial du Mobilier et du Matériel d'Enseignement facultou acessar ainda outros aspectos desse empreendimento econômico e transnacional, ao dar visibilidade à atuação de uma entidade comercial com sede em Paris, mas

---

57 Este texto toma suas formulações de Alcântara, Obrigatoriedade escolar e investimento na educação pública: uma perspectiva histórica (São Paulo, 1874-1908), *Revista História da Educação*, v.23; e Alcântara, A transnacionalização de objetos escolares no fim do século XIX, *Anais do Museu Paulista: História e Cultura Material*, v.24, p.115-59.

58 Foi publicado originalmente como Vidal, A circulação internacional de artefatos escolares: a *Biblioteca do povo e das escolas*, de David Corazzi (Portugal, Brasil, 1881-1896). In: Paixão; Toni, *Estudos brasileiros em três tempos: 1822-1922-2022. Pensar o Brasil: desafios e reflexões*, p.205-30.

com redes de negócios em diversos países. O Syndicat, por meio de agentes e representantes comerciais, favoreceu a expansão da cultura e do comércio franceses pela negociação do museu escolar e de outros materiais de ensino produzidos por empresas francesas. Para tanto, valeu-se de procedimentos, como a formação de cartéis e a padronização técnica dos produtos, de modo a obter o controle do mercado escolar, no interior de uma nova ordem mundial marcada não apenas pela globalização e industrialização, mas também pela escolarização das massas.[59]

Nas investigações, utilizamos fontes oriundas de áreas diversas. Trabalhamos analisando documentos como notas de compras de material e mobiliário escolar; catálogos de empresas americanas e francesas, fabricantes de carteira escolar; despachos aduaneiros; propagandas; inventários de bens; registros de patentes de carteira escolar nos Estados Unidos, França e Brasil; rotas de vapores, dentre outros. Foram associadas a fontes mais correntes em história da educação como a imprensa especializada, jornais, *almanacks* e fotografias. Também, quando possível, fizemos uso da análise dos próprios artefatos.

As pesquisas aqui desenvolvidas e apresentadas nos capítulos lançaram mão de uma perspectiva de história econômica que não está limitada a questões monetárias ou de mercado. Embora contribua para a elaboração de uma história das empresas, o foco não é abordar os processos de acumulação empresarial ou questões numéricas acerca da quantidade de objetos adquiridos e o valor investido neles. Antes, por meio da análise da constituição e atuação das empresas, bem como das mercadorias produzidas e/ou comercializadas por elas, interessou perceber as possibilidades de suprimento material e mobiliário das escolas em um período inicial de expansão da escola pública urbana, bem como as condições de provimento e funcionamento a ela oferecidas.

---

59 Foi publicado originalmente como Alcântara; Vidal, The Syndicat Commercial du Mobilier et du matériel d'Enseignement and the transnational trade of school artefacts (Brazil and France in the late nineteenth and early twentieth centuries), *Paedagogica historica*, p.84-98.

# 1
# DA CULTURA MATERIAL ESCOLAR À HISTÓRIA ECONÔMICA DA ESCOLA[1]

Para entender as maneiras como o campo internacional da história da educação foi se aproximando da chamada virada material, parece-nos prudente demarcar um ponto de inflexão, ocorrido nos anos 1970, com impactos tanto sobre a produção historiográfica quanto sobre os estudos da cultura material.[2] Referimo-nos às mudanças operadas no ofício do historiador com a reintrodução da cultura como um elemento fundamental à interpretação do mundo social; bem como aos novos aportes dos estudos da cultura material que incitaram à elaboração de uma teoria das práticas como forma de conter os excessos do relativismo cultural. Nos dois casos, uma decisiva deriva em direção à valorização dos sujeitos e de sua experiência ou agência na sociedade permitiu a emersão de categorias como gênero, raça, etnia e geração como tópicos constitutivos das interpretações, e incitou a indagação sobre como os sujeitos constroem e elaboram as práticas culturais.

---

1 Este texto, com algumas alterações, foi publicado como Vidal; Alcântara, The Material Turn in the History of Education, *Educació i Història: Revista d'Història de l'Educació*, n.38, p.11-32.

2 Sobre a questão, cf. Vidal, História da educação como arqueologia: cultura material escolar e escolarização, *Linhas*, v.18, p.251-72.

Os modos como essas problemáticas atingiram a pesquisa e a produção no campo da história da educação são o propósito deste capítulo, organizado em três partes, que se completam com este texto introdutório e os alertas finais. A primeira parte explora as relações entre cultura e práticas escolares, procurando desenhar o cenário inicial dos debates. A segunda debruça-se sobre quatro vertentes dos estudos sobre a materialidade da escola: museológica ou do patrimônio educativo; tecnológica ou de inovação; bibliotecária ou dos manuais escolares; e sociocorporal e interdisciplinar. A terceira parte se detém nos novos desafios de pesquisa relativos à história econômica (abarcando a história da indústria, das patentes e do comércio nacional e internacional) e à perspectiva transnacional.

## Cultura e práticas escolares como objeto de análise

Em 1993, Dominique Julia apresentou a conferência de encerramento do XV ISCHE, ocorrido em Lisboa, com o título "A cultura escolar como objeto histórico".[3] Traduzido em vários idiomas, o texto assumiu lugar de referência obrigatória na historiografia internacional da educação. A despeito de sua importância, e sem pretender minimizar o impacto que produziu no campo, o artigo articulava um debate não de todo novo. No lastro das discussões que propunha estava a reflexão realizada no âmbito do Institut National de Recherche Pédagogique (INRP-França) e, em particular, do linguista André Chervel que, em um texto publicado anteriormente na revista *Histoire de l'Éducation*,[4] já havia se valido da fórmula "cultura escolar".[5] Remetia a uma discussão que lhe

---

3 Julia, A cultura escolar como objeto histórico, *Revista Brasileira de História da Educação*, n.1, p.9-43.

4 Chervel, História das disciplinas escolares: reflexões sobre um campo de pesquisa, *Teoria & Educação*, n.2, p.177-229.

5 Sobre a questão, cf. Vidal, *Culturas escolares:* estudo sobre práticas de leitura e escrita na escola pública primária (Brasil e França, final do século XIX); Vidal; Paulilo, *School Culture*.

recuava em duas décadas, na qual a cultura tornara-se um objeto privilegiado da história, por parte de uma historiografia francesa, inglesa ou italiana, assumindo colorações de matizes nacionais, com destaque para Michel de Certeau,[6] Michel Foucault,[7] E. P. Thompson[8] e Carlo Ginzburg.[9]

O decisivo interesse pelas práticas culturais e, no seio dessas, as práticas escolares, propunha uma mudança na abordagem até então majoritária na historiografia da educação concentrada nas tópicas do pensamento pedagógico – e, em seu par, os grandes pedagogos – e da legislação escolar, espelhando políticas educacionais. Contrapondo-se a esse olhar que mirava a escola pela externalidade e supunha uma homologia entre ideias e leis e o processo educativo, ou denunciava uma constante carência deste último em relação às primeiras, emergiu uma nova perspectiva que se indagava sobre a internalidade dos fazeres escolares e reconhecia a insuficiência das análises até então construídas para decifrar o cotidiano escolar.

Duas inflexões sustentavam essa "vontade de saber"[10] que despontava no campo e se relacionavam de modo direto com os temas tradicionais de estudo mencionados anteriormente; ou, por outra, provinham de indagações concernentes à arena educativa (e não apenas decorrentes das análises históricas, emergentes no mesmo período). A primeira, surgida no cenário das contestações de maio de 1968, evidenciava que, a despeito do juízo que considerava a escola como reprodutora da ideologia dominante,[11] a instituição tinha tido um papel significativo na emancipação social das camadas populares e gestado, em seu interior, a crítica às ideias que sustentavam seu estatuto.[12]

---

6  De Certeau, A cultura no plural.
7  Foucault, As palavras e as coisas: uma arqueologia das ciências humanas; Id., Vigiar e punir: a história da violência nas prisões.
8  Thompson, A formação da classe operária.
9  Ginzburg, O queijo e os vermes: o cotidiano e as ideias de um moleiro perseguido pela Inquisição.
10  Foucault, As palavras e as coisas.
11  Como o fez o texto já clássico de Bourdieu; Passeron, A reprodução.
12  De Certeau, op.cit.

A segunda consistia no diagnóstico do relativo fracasso das reformas educativas (e, portanto, das políticas educacionais) promovidas a partir do final dos anos 1960, incapazes de alterar profundamente o trabalho docente, impulsionando investigações sobre o modo como os professores ensinam, parafraseando o livro de Larry Cuban,[13] lançado no mesmo ano da conferência de Dominique Julia, acerca da constância e da mudança nas salas de aula norte-americanas entre 1880-1990. As duas constatações evidenciaram o desconhecimento acadêmico sobre o que ocorria dentro dos muros escolares e interpelaram a comunidade a penetrar na "caixa-preta" da escola, metáfora insistentemente utilizada nos textos nas últimas três décadas.

Para aceder às práticas escolares, as pesquisas recaíram inicialmente sobre a docência e o currículo ou as disciplinas escolares. Jacques e Mona Ozouf,[14] na França, Thomaz Popkewitz[15] e Larry Cuban,[16] nos Estados Unidos, António Nóvoa,[17] em Portugal, Ivor Goodson e Andy Hargreaves,[18] no Reino Unido, e Agustín Escolano Benito,[19] na Espanha, para citar poucos exemplos, interessaram-se pela atuação histórica de professores. A onda, talvez originada com Jacques Ozouf,[20] em 1967, abriu um campo de estudos sobre trabalho e vida de professores ainda bastante ativo na atualidade, revigorado pela ampliação de fontes e metodologias, com o recurso à história oral, história de vida, autobiografia e prosopografia.

---

13 Cuban, *How Teachers Taught:* Constancy and Change in American Classrooms, 1880-1990.

14 Ozouf; Ozouf, *La République des instituteurs.*

15 Popkewitz, Organization and Power: Teacher Education Reforms, *Social Education,* v.51, p.496-500.

16 Cuban, *Teachers and Machines:* The Classroom Use of Technology since 1920; Id., *How Teachers Taught.*

17 Nóvoa, *Os professores e as reformas de ensino na viragem do século, 1886-1906.*

18 Goodson; Hargreaves (eds.)., *Teachers' Professional Lives.*

19 Escolano Benito, Los profesores en la historia. In: Escolano Benito (orgs.), Magalhães, *Os professores na história,* p.15-27.

20 Ozouf, *Nous les maîtres d'école:* Autobiographies d'instituteurs de la Belle Époque.

Currículos e disciplinas escolares foi outro segmento da investigação educativa beneficiado com o uso das categorias cultura e prática escolares. Fazer referência a autores aqui é tão arriscado quanto no parágrafo anterior, e vamos nos restringir a mencionar duas correntes mais enraizadas no campo, a saber: a sociologia e a história do currículo inglesa, dentre outros, representada por Ivor Goodson;[21] e a história francesa das disciplinas escolares, representada, dentre outros, por André Chervel.[22] Nos dois casos, não pretendemos efetuar uma genealogia de obras ou identificar aquelas com maior impacto. O objetivo não é exaurir o tema, mas identificar desdobramentos que nos ajudem a compreender como as historiografias da educação foram se acercando da preocupação com a cultura material escolar.

Nesse sentido, parece ainda ser necessário perceber que, particularmente quando associadas à história do currículo, essas digressões despertaram interrogantes acerca do espaço e do tempo escolares que, em si, já podem ser considerados como aspectos materiais da escola e da escolarização. Marc Depaepe e Frank Simon[23] compreenderam na problematização desses dois elementos uma das vias para a aproximação da história da educação a uma história do cotidiano da "realidade educacional dentro e fora das escolas": um movimento que se insinuava com trabalhos como os de Jaume Trilla,[24] António Viñao Frago[25] e Agustín Escolano Benito,[26] na Espanha, para referir nos apenas a um exemplo nacional.

---

21  Goodson, *School Subjects and Curriculum Change*.

22  Chervel, *Histoire de la grammaire scolaire*.

23  No original, *"educational reality within and without schools"*. Depaepe; Simon, Is There Any Place for the History of Education in the History of Education? A Plea for the History of Everyday Educational Reality in-and Outside Schools, *Paedagogica Historica*, v.31, p.9-16.

24  Trilla, *Ensayos sobre la escuela:* el espacio social y material de la escuela.

25  Viñao Frago, Do espaço escola como lugar: propostas e questões. In: Viñao Frago; Escolano Benito, *Currículo, espaço e subjetividade:* a arquitetura como programa, p.59-140.

26  Escolano Benito, Arquitetura escolar como programa. Espaço-escola e currículo. In: Viñao Frago; Escolano Benito, op. cit., p.19-58.

Na esteira dessas iniciativas, o foco das lentes interpretativas foi sendo ajustado para enquadrar objetos de proporções menores, dando o passo a um verdadeiro interesse pelos artefatos mobilizados no exercício diário da aula não apenas por docentes, mas também por alunos. Recaíram inicialmente nos manuais escolares (e por vezes nos cadernos escolares), dando substância a uma história das disciplinas escolares; nas tecnologias, alimentando uma história do currículo e do trabalho docente; em uma *memorabilia*, associada ao espaço e tempo escolares, compondo ênfases de uma ação de salvaguarda do patrimônio educativo; e, mais recentemente, no interesse sobre os efeitos da cultura material sobre a sociedade e da extensão da agência humana para os objetos e sobre história dos artefatos científicos. Acerca dessas vertentes nos debruçaremos no próximo item.

## Quatro vertentes dos estudos sobre a materialidade da escola

Ao identificar quatro vertentes dos estudos sobre a materialidade da escola, não temos como intenção afirmar um isolamento entre elas. Ao contrário, suas fronteiras são percebidas como porosas e só podem ser estabelecidas a partir de um olhar retrospectivo, que tem por propósito a organização da narrativa e cujo efeito é conferir certa inteligibilidade às trajetórias do campo. Nesse sentido, trataremos daquilo que consideramos como aspecto preponderante das iniciativas tanto em termos da abordagem quanto do recorte geográfico.[27]

---

27 Um exemplo dessas relações cruzadas pode ser identificada no livro organizado por Silva; Souza; Castro, *Cultura material escolar em perspectiva histórica: escritas e possibilidades*. O livro teve sua segunda edição em 2023, em dois tomos, sendo o primeiro em português e o segundo em italiano, ambos publicados pela EdUFMA, em formato de e-book. Reúne investigadores do Brasil, França, Espanha, Itália, México e Inglaterra, com abordagens que contemplam a história cultural, história social e nova história econômica.

Ao invadir o cenário da história da educação, particularmente nos países de língua latina, a preocupação com a materialidade da escola impulsionou a constituição de práticas formativas no âmbito do patrimônio educacional, com repercussões importantes na criação de instituições de preservação não apenas de objetos tridimensionais, mas também de documentos textuais, iconográficos e orais, proporcionando o surgimento de museus, centros de memória e documentação e arquivos escolares; incentivando o restauro e a manutenção de prédios escolares tidos como exemplos de modelos arquitetônicos.

A percepção de que os resíduos das práticas escolares, como atividades-fim do exercício educativo, pouco subsistiam ao tempo – uma vez que a administração das escolas se preocupava apenas com a guarda de documentos relativos às atividades-meio, por seu caráter comprobatório – levou historiadores da educação, individualmente ou em equipes, a proporem e implementarem projetos de salvaguarda do patrimônio educativo.[28] Ao mesmo tempo, em particular no que concerne a Portugal e Espanha, deram estímulo à proposição de cursos de pós-graduação em nível de mestrado e de doutorado voltados ao preparo de educadores para lidarem com a herança educativa.

Por certo, nesses dois últimos países, o interesse foi entrecruzado pelo surgimento da União Europeia e, no seio dos debates que gerou a integração dos vários Estados a partir de 1993, pelo receio de perda das identidades nacionais, o que repercutiu em uma onda preservacionista das particularidades locais. Sintonizava-se, por seu turno, com as perspectivas que apelavam para o conhecimento do cotidiano escolar e que pregavam a ampliação das fontes disponíveis à pesquisa histórica em educação. A atenção dada à materia-

---

28 No Brasil, esses esforços foram liderados por Carmen Sylvia Vidigal de Moraes, no Centro de Memória da Educação da Faculdade de Educação da USP; por Maria Cristina de Menezes, no acervo histórico da Escola Estadual Culto à Ciência, de Campinas; e por Rosa Fátima de Souza-Chaloba, no Núcleo de Documentação e Memória do Centro Cultural Professor Waldemar Saffioti, da Unesp, para citar alguns poucos exemplos.

lidade gerou ainda a organização de exposições e, mesmo, a criação de sociedades científicas e redes de investigadores, como a Sociedad Española para el Estudio del Patrimonio Histórico-Educativo (SEPHE), em 2004; a RIDPHE, Rede Iberoamericana para a Investigação e a Difusão do Patrimônio Histórico-Educativo, em 2008; e, mais recentemente, a Società Italiana per lo Studio del Patrimonio Storico-Educativo (SIPSE), em 2018; com publicações periódicas e eventos científicos específicos.

As interrogações sobre a cultura material escolar despertaram ainda o engajamento na discussão sobre a cultura imaterial, inspirando uma vaga de estudos acerca de uma história das sensibilidades,[29] das emoções, dos rituais, no âmbito de uma produção memorialística-comemorativa, como assim denomina António Viñao Frago;[30] por inspiração de historiografias dedicadas ao tema, como os trabalhos de Jean Delumeau[31] e Peter Gay,[32] por exemplo; ou, ainda, como acompanhamento das discussões sobre o patrimônio cultural, que, nos anos 1980, levaram ao reconhecimento por parte da Unesco da necessidade de preservação do patrimônio cultural imaterial da humanidade.[33]

Outra vertente de inserção da materialidade da escola nas análises em história da educação, pode-se dizer, estava mais associada ao contexto anglófono, com dispersão em trabalhos realizados também no México, e cujo foco recaía na relação entre tecnologia, tra-

---

29  Ver, por exemplo, Vidal; Silva, Por uma história sensorial da escola e da escolarização, *Linhas*, v.11, p.13-28; Taborda, Educação dos sentidos e das sensibilidades: entre a moda acadêmica e a possibilidade de renovação no âmbito das pesquisas em história da educação, *Revista História da Educação*, v.22, p.116-33.

30  Viñao Frago, El Patrimonio Histórico-Educativo: Memoria, Nostalgia y Estudio, *Con-Ciencia Social: Anuario de Didáctica de la Geografía, la Historia y las Ciencias Sociales*, p.141-8.

31  Delumeau, *História do medo no Ocidente (1300-1800):* uma cidade sitiada.

32  Gay, *A experiência burguesa da rainha Vitória a Freud:* a educação dos sentidos.

33  Unesco General Conference, Convention for the Safeguarding of the Intangible Cultural Heritage; disponível em: https://ich.unesco.org/en/convention. Acesso em: 23 nov. 2021.

balho docente e inovação pedagógica, por um lado despertada pelos aportes de uma história e sociologia do currículo, por outro alimentada pela discussão acerca das reformas educativas. A reflexão beneficiou-se de uma larga tradição da historiografia social inglesa, com contributos de E. P. Thompson[34] na valorização da experiência de classe para a constituição da cultura do trabalho durante a Revolução Industrial, ou de Christopher Hill,[35] provocando a inversão das lentes historiográficas ao enfocar a ação política de grupos, constituídos por pessoas comuns na defesa de seus desejos, durante a Revolução Inglesa; ou, ainda, de Raphael Samuel,[36] em que a fotografia descortinou uma gama de ocupações, ignoradas pelas estatísticas nacionais, mas importantes fontes de renda complementar ao labor sazonal do campo.

A aproximação entre o mundo da escola e o mundo do trabalho despertou interesse acerca da formação em serviço para o exercício docente.[37] Não é por acaso, assim, no entrecruzamento dessas pautas, ou seja, o mundo do trabalho percebido por meio de um "fazer" de classe, resultante da agência de sujeitos comuns, que o método mútuo, criado por Lancaster e Bell na Inglaterra, tenha aglutinado o investimento de investigação em vários países.[38] Da mesma

---

34  Thompson, op. cit.
35  Hill, *O mundo de cabeça para baixo:* ideias radicais durante a Revolução Inglesa de 1964.
36  Samuel, *Village Life and Labour.*
37  Lawn; Grosvenor, When in Doubt, Preserve: Exploring the Traces of Teaching and Material Culture in English Schools, *History of Education,* v.30, p.117-27.
38  No caso do Brasil, sobre o método mútuo, ver os trabalhos seminais de Bastos, A instrução pública e o ensino mútuo no brasil: uma história pouco conhecida (1808-1827), *História da Educação,* v.1, p.115-33; Hilsdorf, O ensino mútuo na província de São Paulo: primeiros apontamentos. In: Bastos; Faria Filho (orgs.), *A escola elementar no século XIX,* p.197-216; e Faria Filho; Rosa, O ensino mútuo em Minas Gerais (1823/1842). In: Bastos; Faria Filho (orgs.), op. cit., p.177-96. Sobre a fertilização da história social inglesa para as análises em história da educação, consultar Faria Filho, Fazer história da educação com E. P. Thompson: trajetórias de um aprendizado. In: _____, *Pensadores sociais e história da educação,* p.239-56; Oliveira, O pensamento de Edward

forma, a articulação com uma aproximação à fotografia conclamou a explorar o potencial da fonte visual para a percepção e registro das relações intraescolares, dentro e fora da sala de aula, em pátios e demais espaços institucionais, interrogando-se sobre a importância da materialidade em modelar as práticas escolares, como explorado por Grosvenor, Lawn e Rousmaniere.[39]

Para essa última vertente dos trabalhos, o prédio escolar também foi objeto de estudo, tomado menos na dimensão patrimonial e mais na perspectiva de compreensão dos aspectos materiais da distribuição dos espaços, do emprego de materiais construtivos e da relação entre ideias e funções; nesse sentido, o registro fotográfico significou uma fonte imprescindível à documentação e ao entendimento das mudanças operadas no edifício, ao longo do tempo, em razão das alterações de uso, como modificação da disposição e tamanho das salas, criação de novos ambientes, e mesmo adaptações promovidas pela introdução de tecnologias ou câmbio de orientações pedagógicas. Os modos de ocupação suscitaram ainda particular atenção ao mobiliário escolar e aos artefatos utilizados pelos sujeitos na efetivação das atividades de aula, produzidos industrialmente ou criados/recriados pela comunidade escolar na solução das demandas educacionais historicamente cambiantes e constitutivos de uma cultura do trabalho docente e da experiência de fazer-se aluno e professor que se sedimenta em camadas temporais.[40]

---

Palmer Thompson como programa para a pesquisa em história da educação: culturas escolares, currículo e educação do corpo, *Revista Brasileira de História da Educação*, v.16, p.147-69; Faria Filho; Bertucci, Experiência e cultura: contribuições de E. P. Thompson para uma história social da escolarização, *Currículo sem Fronteiras*, v.9, p.10-24; e Vidal; Salvadori; Costa, Cultura e história da educação: diálogos com Michel de Certeau e E. P. Thompson, *Revista HISTEDBR On-line*, v.19, p.1-25; dentre outros.

39 Grosvenor; Lawn; Rousmaniere (coords.), *Silences and Images: The Social History of the Classroom*.

40 Lawn; Grosvenor, When in Doubt, Preserve: Exploring the Traces of Teaching and Material Culture in English Schools, *History of Education*, v.30, p.117-27; Rockwell, Metáforas para encontrar histórias inesperadas. In: Nepomuceno; Tibali, *A educação e seus sujeitos na história*, p.15-33.

O recurso a uma história visual implicou, para além dos aspectos documentais, o acesso às representações sociais sobre os sujeitos escolares e o próprio processo de escolarização, abrindo questionamentos sobre o que ficou documentado e sobre os silêncios da documentação. Simultaneamente, o enfoque nas tecnologias escolares permitiu inquirir os limites de sua funcionalidade ou mesmo sua adequação às relações de trabalho promovidas no interior das escolas, inspirando novas linhas de investigação e colocando sob suspeita a relação direta entre inovação tecnológica e melhora da qualidade do ensino.[41] Continua instigante a questão sobre o que os professores levam para a escola – o que existe em seus bolsos e bolsas que é necessário ao ensino? –, formulada em 1990 por Tim O'Brien.[42]

Uma terceira vertente pode ainda ser explorada. Refere-se ao que denominamos de bibliotecária ou de manuais escolares. É preciso dizer que a estrutura aqui proposta não implica sucessão temporal. Ao contrário, essas perspectivas, que guardam muitas similaridades, despontaram no campo quase simultaneamente, em resposta a problemas de pesquisa que se apresentaram a historiadores da educação em função de novos enquadramentos teóricos, como temos enfatizado, emergentes tanto nos canteiros da história quanto na arena educativa. No que concerne às investigações acerca dos manuais escolares, isso tem implicado não apenas a produção de textos acadêmicos, mas, tal como a vertente do patrimônio educativo, um esforço importante de levantamento, recolha, restauro, guarda e construção de bases de dados e bibliotecas de livros didáticos.

Em alguns casos, as duas iniciativas se interligam, como é o exemplo do Centro Internacional de la Cultura Escolar (Ceince), na Espanha, que reúne, além de artefatos relativos a um museu escolar, um expressivo acervo de manuais escolares; em outros, predomina uma preocupação de caráter mais bibliotecário, como o Georg-Eckert-Institut, na Alemanha. Sem constituírem institui-

---

41 Cuban, *Teachers and machines*.
42 O'Brien, *The things they Carried*.

ções específicas, mas ligados a universidades, outros projetos partilham de objetivos semelhantes, como o Livres (Banco de Dados de Livros Escolares Brasileiros), na Universidade de São Paulo, Brasil; o Manes (Manuales Escolares, Centro de Investigación Interuniversitario), na Universidad Nacional de Educación a Distancia-UNED, Espanha; e o Emmanuelle, na Bibliothèque Diderot de Lyon, França. Entre esses centros e bibliotecas, produz-se um intenso intercâmbio de informações, e os pesquisadores associados transitam não somente entre os países mencionados, como provêm de várias nacionalidades, compondo projetos comuns e partilhando financiamentos. Une-os, ainda, a percepção de que, como artefatos do cotidiano da escola, esses objetos raramente encontram espaço nas prateleiras das bibliotecas universitárias, e sua salvaguarda representa uma significativa contribuição para a história da educação e da escolarização.

De acordo com Circe Bittencourt,[43] se, a partir dos anos 1960, os manuais escolares haviam despertado o interesse de historiadores da educação em analisar seus conteúdos textuais e imagéticos, no espectro de uma história das ideias; nos anos 1980, a nova investida foi marcada pela concepção desses artefatos como produtos culturais, quer dizer, "como mercadoria ligada ao mundo editorial e dentro da lógica de mercado capitalista; como suporte de conhecimentos e de métodos de ensino das diversas disciplinas e matérias escolares; e, ainda, como veículo de valores, ideológicos ou culturais".

Em adição às abordagens tratadas neste item, uma quarta vertente deve ser mencionada, que denominamos sociocorporal. Ela se organiza em três eixos. O primeiro remete à extrapolação da materialidade escolar para o social. A exemplo de Chervel[44] que, tomando o caso da ortografia na França, analisa os efeitos que a instituição escolar produz sobre a sociedade e a cultura, indaga-se sobre o duplo movimento da materialidade. De um lado, interroga-

---

43 Bittencourt, Apresentação, *Educação e Pesquisa*, v.30, p.471.
44 Chervel, *La culture scolaire:* une approche historique.

-se acerca de como os processos em meio aos quais os artefatos são criados para uso escolar extrapolam os muros da escola e assumem outras funções sociais. De outro, inquire-se sobre como os artefatos gestados para fins alheios à escola, por exemplo os objetos científicos, são a ela incorporados em movimentos de adaptações e apropriações constantes.

Nesse movimento, ganha relevância a atenção à agência dos objetos escolares. O reconhecimento de que os objetos também têm agência funda-se na recusa de restringir a análise dos artefatos considerando apenas o que os sujeitos fazem com eles. Nicole Boivin[45] denuncia que a dicotomia sujeito-objeto, cultural-natural, mental--material ainda marca as análises das ciências sociais contemporâneas. Para a autora, a questão não é de unificação, mas de evidenciar os aspectos materiais da existência social e cultural humana. Mais do que isso: compreender como as propriedades do mundo material moldam a experiência, a mente, a sociedade e a história humanas. Isso implica dizer que o mundo físico e a mente humana não consistem em realidades apartadas, mas unidas, de diferentes maneiras na prática social. A perspectiva é instigante; no entanto, apresenta entraves metodológicos, concernentes à dificuldade em delimitar o que configura a agência dos objetos. Conforme Malafouris,[46] a agência não se define pela existência de uma intencionalidade das coisas materiais. Ela é um fenômeno causal e relacional que se define, portanto, pelos efeitos de sentidos produzidos nos sujeitos, no caso da história da educação, escolares durante o processo de escolarização dos corpos, com reflexos em sua atuação social.

Essa linha de investigação implica um alargamento das abordagens interdisciplinares. Uma das possibilidades é o recente interesse pela relação entre história da educação, história dos artefatos científicos e história da ciência e do ensino de ciências, reatando

---

45 Boivin, *Material Cultures, Material Minds:* The Impact of Things on Human Thought, Society, and Evolution.

46 Malafouris, At the Potter's Wheel: An Argument for Material Agency. In: Knappett; Malafouris (eds.), *Material Agency:* Towards a Non-Anthropocentric Perspective, p.19-36.

campos de conhecimento. De acordo com Heather Ellis,[47] esse distanciamento entre a história da ciência e da tecnologia e a história da educação "está ligado a divisões mais amplas na história do conhecimento, que por muitos anos foi separada em seções que refletem as divisões de disciplinas acadêmicas que estruturam as universidades modernas e o ensino superior no Ocidente". Ela afirma, ainda, que o mais significativo "é a divisão da história do conhecimento em história da ciência, por um lado, e a história mais recente das humanidades, por outro".

## História econômica e transnacional da escola

As investigações sobre a cultura material escolar também têm servido para problematizar questões exógenas à escola, como a emergência da indústria escolar e do comércio de objetos escolares; a solicitação e o registro de patentes de mobiliário escolar; a análise de catálogos, anúncios e propagandas de empresas fabricantes de objetos e materiais de ensino; ou, ainda, as estratégias mobilizadas pela indústria na promoção do consumo de objetos escolares ou não a produtos alimentícios. Essas questões, em parte, já estavam anunciadas nas vertentes que apresentamos antes, mas vêm ganhando proeminência em novas pesquisas que recorrem a aportes da história econômica ou que atentam para a dimensão econômica da escola de massa.

Além da história econômica, a recorrência à história transnacional tem permitido compreender não apenas a emergência de uma indústria escolar nacional/local, mas de empresas, cujas redes de

---

47 No original, "is linked to broader divisions in the history of knowledge, which has, for many years, been carved up into sections reflective of the academic subject divisions that structure modern universities and higher education in the West [...] is the division of the history of knowledge into the history of science, on the one hand, and the more recent history of humanities, on the other". Ellis, Editorial: Science, Technologies and Material Culture in the History of Education, History of Education, p.143-6.

atuação em diferentes países promoveram um comércio transnacional de artefatos e mobiliário escolar, a partir das últimas décadas do século XIX, favorecido pelas Exposições Universais, pelos anúncios e pelas propagandas em jornais, pelos catálogos das empresas e pela atuação de agentes e representantes comerciais em diferentes países.

Desse modo, a virada material que, de início, objetivou a análise de processos intraescolares, desdobrou-se, fundamentada na história econômica e transnacional, em indagações que extrapolam o interior da escola, suscitando o investimento de historiadores da educação em diversos países. As investigações avançaram quando se percebeu que o estudo da cultura material escolar permitiria compreender a maneira como a própria escola se inseriu e foi inserida no jogo dos modos de produção e comercialização de uma sociedade pós-Revolução Industrial.

Enfatizando a dimensão econômica da escola de massa, têm sido profícuos os trabalhos italianos, como a publicação, em 2003, do primeiro repertório de tipógrafos e editores escolástico-educativos do século XIX (Teseo). Uma das decorrências desse investimento foi o estudo de Juri Meda[48] sobre produtores e impressores de cadernos escolares, sinalizando um novo tratamento da cultura material escolar, caracterizado pela análise da dimensão econômica da escola de massa.

Também na direção de uma perspectiva econômica, o livro *Materialities of schooling* [Materialidades da escolarização], organizado por Lawn e Grosvenor,[49] teve como um dos objetivos compreender "a economia e o método de produção de artefatos escolares". Para Lawn,[50] o uso generalizado de artefatos nas escolas a partir das últimas décadas do século XIX se deu pela associação e conver-

---

48  Meda, Quaderni di scuola: nuove fonti per la storia dell'editoria scolastica minore, *Annali di storia dell'educazione e delle istituzioni scolastiche in Italia*, n.13, p.73-98.

49  No original, "*the economy and method of production of school artefacts*". Lawn; Grosvenor, *Materialities of Schooling*: Design, Technology, Objects, Routines.

50  Lawn, A Pedagogy for the Public: The Place of Objects, Observation, Mechanical Production and Cupboards. In: Lawn; Grosvenor, op. cit., p.145-62.

gência com grandes temas dominantes sobre organizações produtivas e pela atividade, através das múltiplas e acumulativas tarefas mecanizadas.

No seio dessas abordagens, novas fontes, provenientes de diferentes áreas, têm sido examinadas para uma compreensão mais alargada dos processos de difusão da escola de massa. É o caso de materiais e documentos que foram produzidos no âmbito do comércio, do direito comercial e até mesmo do direito administrativo. São catálogos de empresas, contratos públicos, patentes de carteira escolar e despachos aduaneiros, fontes que têm apontado na direção de uma análise interdisciplinar da cultura material escolar.

Nesse sentido, compreender os artefatos no espectro do possível da materialidade, das concepções pedagógicas e científicas e das negociações comerciais supõe um conhecimento sobre as técnicas produtivas, as populações escolares e a riqueza das nações (de seu aparelho público) e sobre as escolhas administrativas e políticas que determinam os investimentos econômicos. Exige, também, o debate acerca das formas de internacionalização existentes, bem como sobre as maneiras de construir inteligibilidades para essas relações multilaterais, em seu caráter histórico.[51]

Essa análise interdisciplinar é também sugerida por Juri Meda[52] ao tomar catálogos de empresas italianas para tratar dos meios de educação de massa, distribuídos em larga escala por empresas industriais. Meda salienta a importância de uma abordagem que opere com o diálogo entre diferentes fontes. Tal procedimento é fecundo para pôr em evidência não apenas os processos econômicos de concepção, produção e consumo que puseram os objetos em cir-

---

51   Vidal, O Museu Escolar Brasileiro: Brasil, Portugal e a França no âmbito de uma história conectada (final do século XIX). In: Fernandes; Lopes; Faria Filho (orgs.), op. cit., p.239-64; Vidal, Transnational Education in the Late Nineteenth Century: Brazil, France and Portugal Connected by a School Museum, *History of Education*, 46, p.228-41.

52   Meda, Mezzi di educazione di massa: nuove fonti e nuove prospettive di ricerca per una 'storia materiale della scuola' tra XIX e XX secolo, *History of Education & Children's Literature*, p.253-79.

culação, mas também os processos de formação e as práticas escolares que os artefatos ensejaram.

O uso de fontes provenientes de diferentes áreas é um procedimento acionado por Frederick Herman, Angelo Van Gorp, Frank Simon e Marc Depaepe[53] ao desenvolverem um estudo biográfico da carteira escolar. Os autores analisam folhetos publicitários, contratos públicos e patentes com o objetivo de investigar o ciclo de vida da carteira, do conceito à fabricação e seleção para uso escolar. Com isso, evidenciam as negociações entre fabricantes e clientes (poder público/escola) na definição do design do produto, os critérios acionados no processo de seleção como preço, qualidade material, durabilidade do produto, dentre outros. Uma abordagem econômica e interdisciplinar sobre a carteira escolar também foi proposta por Wiara Alcântara,[54] que será retomada nos Capítulos 5 e 6.

Nas análises recentes, o desafio para historiadores da educação é operar na interseção de fontes com várias proveniências para perceber relações e conexões, atentando para o risco de apenas justapor e fragmentar aspectos de um mesmo processo. Ao analisar um contrato público de fornecimento de objetos ou mobiliário escolar, por exemplo, a contribuição de diferentes disciplinas pode evidenciar o papel das relações intra e extraescolares na cultura escolar. Isso não significa desconsiderar a importância do recorte e da delimitação do objeto de pesquisa, mas entender os artefatos na interação social. Isto é, compreender as relações que os produziram e os puseram em circulação, bem como as relações que eles constituíram e fizeram emergir.

No caso do referido contrato público, ele consiste em documento gestado no âmbito do direito administrativo como instrumento da administração pública para contratar bens e serviços de particulares. É uma fonte cuja análise pode se dar na interseção de áreas. Do ponto de vista do conteúdo, o objeto do contrato tem como alvo a

---

53  Herman et al., The School Desk: From Concept to Object, *History of Education*, p.97-117.
54  Wiara; Alcântara, Por uma história econômica da escola.

escola. Do ponto de vista formal, há os elementos do direito público administrativo em sua interação com o direito privado empresarial.

Não por acaso, essa abordagem interdisciplinar tem se aproximado, também, de uma nova história política que considera as escolhas administrativas dos governos e os investimentos econômicos na instrução pública. Por isso, a história da materialidade da escola é, em alguma medida, a história de como o poder público do Estado foi se organizando burocrática e administrativamente para assumir a responsabilidade pela criação e manutenção das instituições oficiais de ensino e para dar conta do provimento material e mobiliário das escolas espalhadas por seu território. É, ao mesmo tempo, a história da relação entre os setores público e privado na prestação de serviços à população.

Apontamentos semelhantes podem ser feitos quando se consideram as patentes. A patente é produzida no âmbito do direito comercial com a finalidade de reconhecer e conceder a propriedade industrial e o uso exclusivo de uma descoberta ou invenção ao inventor. A discussão das patentes esteve presente desde as Exposições Universais, como no Congresso Internacional das Patentes de Invenção, reunido em Viena, em 1873, e no Congresso Internacional da Propriedade Industrial, realizado em Paris, em 1878.

Se, por um lado, as Exposições favoreciam a propaganda, a divulgação e a comercialização dos produtos, por outro, tornavam o fabricante vulnerável às reproduções não autorizadas. Não era improvável que, de posse do catálogo de um fabricante, ao invés de comprar o produto, uma empresa passasse a reproduzir modelos, competindo no mercado. Daí, o considerável número de patentes identificado em diversos países, como um instrumento jurídico para assegurar o privilégio do uso exclusivo da invenção.

A análise das patentes permite identificar tanto as empresas que, a partir das últimas décadas do século XIX, se destacaram na fabricação de móveis e artefatos escolares, quanto a relação estabelecida entre o design das peças e o discurso médico-higienista; as técnicas e tecnologias empregadas e consideradas como inventos; a apreciação do júri das Exposições Universais sobre os modelos expostos; as adaptações dos produtos às demandas de determinado cliente, instituições privadas de ensino ou o próprio Estado. Além disso, a investigação tem evidenciado que, por meio de agentes e representantes comerciais, empresas usaram como expediente a formação de cartéis e a padronização técnica dos produtos, de modo a obter o controle do mercado escolar, no interior de uma nova ordem mundial marcada não apenas pela globalização e industrialização, mas também pela escolarização das massas.[55]

Pesquisas desenvolvidas sob a perspectiva da história transnacional podem evidenciar não apenas os processos econômicos e comerciais que sustentaram a expansão da rede de escolas no interior de cada país, a partir das últimas décadas do século XIX. A abordagem transnacional também põe em destaque sujeitos como educadores, agentes e representantes comerciais, que transitaram entre mundos, fazendo circular ideias, catálogos de empresas e objetos de ensino, dando visibilidade a empresas fabricantes e distribuidoras de artefatos e mobiliário escolar em diversas partes do mundo, além de permitir identificar os objetos que circularam nos mais diferentes países e os modos pelos quais eles foram postos em circulação e, por vezes, apropriados pelos sujeitos escolares.

A perspectiva transnacional leva ainda a interrogar o significado da disseminação mundial da escola, a partir da segunda metade do século XIX, não restrito apenas à presença ou ao crescimento do número de escolas em variados países, e sim associado ao movimento que se beneficiou de redes de interdependência econômica entre as nações nos processos de desenvolvimento dos sistemas de ensino nacionais. Nas palavras de Pierre-Yves Saunier, a interdependência, a interconexão e sua expansão, aprofundamento ou aceleração são consideradas as marcas de uma perspectiva histórica transnacional. "Por enfatizar o estudo das conexões e circulações, a abordagem transnacional preocupa-se muito com o que as faz funcionar e, portanto, permite identificar seus protagonistas individuais e coletivos".[56]

---

55 Ver Capítulo 8.
56 Saunier, Globalisation. In: Iriye; Saunier, *The Palgrave Dictionary of Transnational History:* From the Mid-19th Century to the Present Day, p.461-2.

## Comentários finais

O desafio de propor uma interpretação sobre a história da incorporação da cultura material escolar pelo campo internacional da história da educação com certeza comporta omissões. Não foi nosso intuito aqui traçar esse percurso para o caso brasileiro, de certa maneira abordado na introdução deste livro, mas situar a problemática na recorrência de pesquisas produzidas em diversos países, almejando construir uma cartografia, ainda que parcial ou provisória, da questão.

As vertentes sublinhadas, portanto, não resumem todo o investimento de investigação feito no campo. Ao mesmo tempo, não se apresentam como etapas sucessivas de aproximação ao tratamento do tema. Ao contrário, constituem-se como camadas de leituras sobre a cultura material escolar que foram se sedimentando e reconfigurando os objetos de investigação, à medida em que novos aportes teóricos se incorporaram, que o intercâmbio internacional entre historiadores da educação se alargou e que os diálogos interdisciplinares se ampliaram.

No próximo capítulo, iremos nos deter nas categorias que organizam os capítulos subsequentes, quais sejam: mediadores culturais, indústria escolar e consumo escolar. Da mesma forma, explicitamos o recorte temporal das análises, circunscrito ao período de 1870 a 1910.

# 2
## Sobre marcos temporais e categorias[1]

As pesquisas enfeixadas neste livro derivam de uma preocupação em perceber a constituição da escola primária oitocentista a partir da circulação de educadores, artefatos escolares e modelos pedagógicos entre Brasil, França, Portugal, Espanha e Estados Unidos da América, tomados do ponto de vista de uma história econômica da educação em perspectiva transnacional. Esse percurso investigativo tem nos sensibilizado para perceber a internacionalização das ideias educativas, a concepção da escola como um mercado e dos Estados nacionais como compradores de materiais escolares (de carteiras a quadros parietais, de livros a lousas) e as traduções culturais e apropriações como movimentos criativos dos sujeitos diante dos repertórios postos à sua disposição. Para tanto, temos atentado ao circuito das Exposições Universais, bem como à nascente indústria escolar que floresce alimentada pelo fenômeno da escolarização obrigatória e da Segunda Revolução Industrial.

---

1 Este texto consiste em reformulações de Vidal, A invenção da modernidade educativa: circulação internacional de modelos pedagógicos, sujeitos e objetos no Oitocentos. In: Curyn; Mariano (orgs.), *Múltiplas visões:* cultura histórica no Oitocentos, p.39-58; e Vidal, História da educação como arqueologia: cultura material escolar e escolarização, *Linhas,* v.18, p.251-72. A discussão sobre as categorias, entretanto, é inédita.

Dedicamo-nos, assim, com particular interesse, à segunda metade do século XIX e década inicial do XX, momento em que se destaca a confluência entre o crescimento de uma indústria voltada à escola; a participação nas Exposições Universais como estratégia de divulgação de produtos e abertura de mercados internacionais; a elaboração de uma legislação escolar que prevê a obrigatoriedade do ensino; a atividade de sujeitos educacionais na criação e ou tradução/apropriação de objetos para uso escolar; bem como a difusão do método de ensino simultâneo concebido como condição de uma escola de massas e do método intuitivo ou lições de coisa que abre o universo escolar à absorção de um número cada vez maior de artefatos pedagógicos.

Os desafios dessa empreitada têm sido muitos e cobrem desde a localização de fontes ao exercício teórico. No primeiro caso, em especial, a preocupação repousa em encontrar documentos que ofereçam o testemunho das transações comerciais efetuadas entre os países. Uma parte dessa documentação encontra-se sob a guarda de empresas, que em geral não se ocupam do valor histórico de seus acervos e não têm uma prática sistemática de preservação e acesso. Ao contrário, em seus arquivos mais remotos impera a lei das urgências comerciais e certo sabor de acaso. Não raro as empresas já não mais existem, o que impõe tentar retraçar, quando possível, a trajetória de seus documentos. Nas que ainda estão em funcionamento, a questão se converte em obter a confiança do administrador e lograr acessar a documentação. Na maioria das vezes, esse acesso é filtrado pela administração que seleciona "o que interessa" ao pesquisador, a partir de sua própria lógica de gestão documental e de preservação de imagem empresarial, conquistada no mercado.

Outro conjunto documental encontra-se nos arquivos públicos e em arquivos escolares. Com alguma sorte, somos capazes de encontrar notas fiscais com compras e procedência identificadas. Nas listagens de material adquirido pelo almoxarifado ou enviado às escolas pela administração pública, e nos inventários das escolas podemos ter informações sobre os objetos distribuídos, muitas vezes sem considerar seus custos ou mesmo as características específicas por falta de detalhamento. A série de ofícios do diretor tem sido de especial validade à pesquisa, bem como os livros de correspondência. Os relatórios de professores comissionados são outra fonte relevante de pesquisa. Com o objetivo de justificar os gastos públicos com as viagens e permanências, os professores são profícuos em detalhes, oferecendo um rol diversificado e, por vezes, minucioso do material de interesse à instrução observado em visitas a escolas estrangeiras ou exposições. Os catálogos das exposições e os catálogos das empresas também oferecem um rico cabedal de informações à pesquisa. As listagens desenham um repertório do que havia à disposição no período. O entrecruzamento das diversas fontes não raro é um exercício demorado e nem sempre produtivo. As descrições dos objetos e materiais escolares divergem nas várias formas de registro.

Também de valia são os impressos pedagógicos, ainda escassos para o final do século XIX e início do XX, mas que contêm informações relevantes sobre prescrições de práticas escolares. Configuram-se, como diria Marta Carvalho,[2] em uma caixa de utensílios com indicação de artefatos necessários ou sugeridos para uso docente no exercício da aula. Além disso, consistem em veículos de propaganda de objetos disponíveis no mercado educacional para aquisição de escolas e sujeitos escolares. Nesse tocante, deve-se referir aos jornais de circulação diária, semanal ou mensal, e aos almanaques comerciais utilizados pelos fornecedores ou seus representantes para disseminação de notícias e anúncios de novidades nacionais ou importadas. O recurso à Hemeroteca Digital da Biblioteca Nacional fornece um cabedal valioso de informações sobre esse comércio transnacional e local.

Por fim, cabe mencionar a legislação escolar que, ao longo do século XIX, torna-se paulatinamente mais minudente, não se atendo a normatizar os conteúdos a ser ensinados, complexificando-se nas

---

2 Carvalho, A caixa de utensílios e a biblioteca: pedagogia e práticas de leitura. In: Vidal; Hilsdorf (orgs.), *Brasil 500 Anos:* tópicas em história da educação, p.137-68.

décadas iniciais da República, com a introdução dos grupos escolares em São Paulo e no Rio de Janeiro, em 1893. A partir da segunda metade do Oitocentos, podemos acompanhar a preocupação cada vez maior com a descrição do funcionamento esperado da administração escolar e do trabalho de docentes, inspetores escolares e serventes; detalhamento de mobiliário e livros a ser adquiridos, produtos e objetos de higiene para limpeza de ambientes escolares; referência a comportamentos inadequados e proibidos; bem como dimensionamento e posição adequada de salas e demais espaços escolares, como bibliotecas, museus, pátios e banheiros. O início do interesse pelas construções escolares, principalmente percebido de 1870 em diante, marca ainda a proliferação de plantas e fachadas, e de registros fotográficos que auxiliam a compreender a destinação dos espaços e indiciar seus usos pelos sujeitos escolares.

Os artefatos, eles mesmos, são escassamente encontráveis nas escolas. As mudanças administrativas ou de endereço, as alterações pedagógicas e de finalidades promovem o descarte de tudo ou quase tudo que ficou em desuso ou que foi destruído pela utilização reiterada. Sobrevivem, é claro, os prédios escolares, muitas vezes tendo seus ambientes alterados para acolher novas funções, nem sempre de natureza pedagógica ou escolar. Alguns exemplares de mobiliário subsistem, destinados a novos usos, ou empilhados em porões. Os objetos mais frágeis ou mais fugazes em geral desaparecem. No entanto, a preservação dessa cultura material escolar pode nos permitir compreender algo da operacionalidade das práticas escolares pretéritas, do movimento de apropriação das teorias e modelos pedagógicos e da tensa efetividade das reformas educativas.

O desafio se estende ao investimento teórico. A problemática aqui é tão abrangente quanto a anterior. Inicialmente, ela se reveste dos percalços relacionados à questão metodológica. Em geral, as fontes localizadas são bastante áridas: relação de objetos, características técnicas, lista de preços, plantas arquitetônicas, dentre outras. Fazer "falar" essa documentação supõe a inventividade da elaboração de tabelas e quadros, bem como o exercício continuado da interdisciplinaridade, não apenas no que tange a uma história da arquitetura (dos materiais e técnicas construtivas), uma história econômica (dos preços, da circulação das mercadorias, da indústria e comércio locais e transnacionais) quanto a uma história fiscal dos países (das taxas de importação e dos meios de transporte). A interdisciplinaridade avança, ainda, para outros canteiros da história da educação, como a história das disciplinas escolares, dos saberes científicos e educacionais, dos sujeitos escolares, dos modelos pedagógicos e das reformas educativas; e da própria história, como a história das relações diplomáticas e políticas estabelecidas entre os países, a história do direito nacional e internacional, a história administrativa dos Estados-nação, e até mesmo as histórias nacionais.

Analisar os artefatos no espectro do possível da materialidade, das concepções pedagógicas e científicas, e das transações comerciais supõe um conhecimento sobre as técnicas produtivas, as populações escolares e a riqueza das nações (de seu aparelho público), e sobre as escolhas administrativas e políticas que determinam os investimentos econômicos. A investida teórica, no entanto, não se resume a esses quesitos, desde já bastante alargados. Espraia-se também pelo debate acerca das formas de internacionalização existentes, bem como sobre as maneiras de construir inteligibilidades para essas relações multilaterais, em seu caráter histórico, como mencionado na Introdução.

Para enfrentar a questão, parece-nos importante recorrer a duas ciências que se destacaram, no Oitocentos, na arena educativa, oferecendo paradigmas à reflexão sobre a posição relativa dos países no concerto das nações: a estatística e a educação comparada. Na sequência, iremos nos debruçar sobre categorias com as quais operamos na estruturação deste livro. São elas: mediadores culturais, indústria escolar e consumo escolar.

## A estatística e a educação comparada

O século XIX foi considerado como a época de uma "febre de estatísticas". Inicialmente porque proliferaram na esfera estatal os meios e os objetivos da quantificação, ampliando-se o número de itens contabilizáveis. Um rápido olhar sobre os relatórios de presidente de província e os mapas que os acompanham nos permitem perceber, ao longo do Oitocentos, uma crescente sofisticação nos modos de representar o social e nas maneiras de classificar e ler a realidade, comprometidas com os princípios da racionalidade moderna e fundantes de uma ciência de governo das populações. Mas a "febre de estatísticas" que tomou o século XIX não se restringiu à esfera estatal. Outras instâncias da sociedade também se ocuparam em produzir estudos estatísticos, dando ensejo à realização regular de congressos internacionais de estatística, a partir de 1853, e à criação, em 1855, do Instituto Internacional de Estatística (ISI, na sigla em inglês).

Três exemplos de produção de sentido aos dados estatísticos nos permitem perceber os jogos de representação sobre a modernidade educativa brasileira no fim do século XIX. O primeiro nos vem de Frederico José de Sant'Anna Nery. Esse paraense, que abandonou a carreira eclesiástica bacharelando-se em Letras, ficou conhecido pelos livros, redigidos em francês, sobre a Amazônia e sobre o folclore brasileiro. Escreveu, também, dois artigos sobre o panorama educacional brasileiro. Em "L'instruction publique au Brésil", publicado na *Revue Pédagogique* em 1884,[3] fez uso da estatística para demonstrar a pujança da instrução pública brasileira que, de acordo com os cálculos do autor, em 1877, ostentava uma frequência escolar 12% superior à francesa. Na obra *Le Brésil en 1889* (*avec une carte de l'empire en chromolithographie, des tableaux statistiques, des graphiques et cartes*), assinou, ao lado do barão de Saboia, de Louis Cruls e do barão de Teffé um capítulo sobre educação em que afirmava, com recurso a dados estatísticos relativos a 1869, 1876, 1882 e 1889, o progresso intelectual brasileiro, evidenciado na difusão de escolas primárias públicas e na frequência de alunos, que chegava a avaliar em 300 mil.

José Ricardo Pires de Almeida, autor do primeiro livro voltado exclusivamente a narrar a história da educação brasileira, *L'Instruc-*

---

3  Nery, L'instruction publique au Brésil, *Revue Pédagogique*, p.204-24.

*tion publique au Brésil: histoire et legislation* (1500-1889), movia-se também no âmbito das estatísticas, partilhando do mesmo objetivo de afirmar a liderança brasileira em termos educacionais. Seu alvo, entretanto, eram os países sul-americanos. O autor se dizia constrangido ao "dever e quase missão de restabelecer a verdade": "O Brasil é, certamente, dentre todos os países da América do Sul, aquele que maiores provas deu de amor ao progresso e à perseverança na trilha da civilização".[4] A comparação era feita com a Argentina para o ano de 1886. Enquanto o país vizinho dispunha de 2.414 escolas, sendo 1.804 públicas e 610 particulares, o Brasil contava com 6.161 escolas primárias, das quais 5.151 públicas e 1.010 particulares. No que concerne ao número de alunos matriculados, a Argentina somava 180.768, para uma população de 3 milhões de habitantes, o que perfazia 6%; o Brasil apresentava 248.396, para uma população de 14 milhões de habitantes, ou seja 2%. Apesar da menor proporção brasileira, Pires de Almeida alertava que "para fazer uma comparação justa, seria necessário reduzir mais da metade da população do Império, a fim de determinar com segurança os cálculos estatísticos, porque talvez não haja 6 milhões de habitantes aptos para frequentar escolas primárias públicas ou privadas".[5]

A argumentação de Sant'Anna Nery e de Pires de Almeida revelava ainda uma segunda operação permitida pelo uso de estatísticas: a comparação. A quantificação conferia os parâmetros do estabelecimento de hierarquias em escala internacional. Não por acaso, tanto *Le Brésil* quanto *L'Instruction publique au Brésil* foram escritos em francês e publicados em 1889. Ambos visavam ao público que acorreria à Exposição Universal, realizada em Paris naquele ano, quando o país teria seus produtos exibidos em um pavilhão próprio. O expediente não era novo. De acordo com Heloisa Barbuy,[6] em 1876, pela primeira vez, na Feira da Filadélfia, o Brasil apresentara um pavilhão específico, acolhendo 436 expositores.

---

4 Almeida, *Instrução pública no Brasil* (1500-1889).
5 Ibid.
6 Barbuy, O Brasil vai a Paris em 1889: um lugar na Exposição Universal, *Anais do Museu Paulista: História e Cultura Material*, v.4, p.211-61.

Treze anos depois, esse número passaria a 838 expositores. Outros pavilhões brasileiros foram erigidos em Chicago (1893), Saint-Louis (1904) e Bruxelas (1910), momento em que se registrou o maior afluxo de expositores: 1.445.

Estatística e comparação se ofereciam como ferramentas importantes nesse cenário de criação dos sistemas públicos de educação e de implantação da obrigatoriedade escolar, dando subsídio à formulação de políticas públicas. Não foi diferente o interesse de Ruy Barbosa, em seus pareceres, de fazer uso de estatísticas sobre a situação educacional no Brasil e em outros países. Pretendia conferir legitimidade às suas propostas para o ensino brasileiro e dar consistência à crítica que Leôncio de Carvalho formulava à reforma, pelo Decreto 7.247, de 19 de abril de 1879, nos debates parlamentares. Nas disputas políticas, a comparação emergia como estratégia para produzir consensos.

Em todo o Capítulo 1 de *Reforma do ensino primário*, Ruy Barbosa recorreu a dados estatísticos para demonstrar, contrariando os dois autores citados anteriormente, o estado de atraso brasileiro diante dos demais povos europeus, americanos e oceânicos. O alerta para o fato de que "a estatística escolar, nas verdadeiras condições de segurança e clareza impostas a esse serviço pelas exigências da verdade, está por criar neste país"[7] corroborava o diagnóstico da penúria educativa. A linguagem era contundente. Apenas como exemplo, reportamo-nos à análise feita sobre o município à Corte que, de acordo com o autor,

> [...] não encontra, em toda vasta civilização ocidental, um canto de terra, nem no retardatário Portugal, nem na fanática Espanha, nem na Grécia mal rediviva, nem na Roma ainda não livre da intoxicação ultramontana, que nos não faça baixar os olhos. Restam-lhe para consolo as populações quase patriarcais das mais despolidas províncias russas e dos domínios muçulmanos do Sultão.[8]

---

7 Barbosa, *Reforma do ensino primário e várias instituições complementares da instrução pública.*

8 Ibid.

No cerne da disputa estava a disposição sobre a liberdade de ensino, assegurada na legislação de 1879, e contra a qual se posicionava Ruy Barbosa, reiterando a convicção de que cabia ao Estado prover, sustentar e difundir as escolas populares. Não pretendemos nos embrenhar nessa discussão, já restituída por Vera Valdemarin[9] e Maria Cristina Machado.[10] Almejamos apenas sinalizar para o recurso à estatística e à comparação como estratégias de convencimento utilizadas pelo discurso político do final do Oitocentos em favor da modernidade educativa, considerada como em vias de sedimentação no Brasil por Sant'Anna Nery e Pires de Almeida, ou ainda a ser conquistada por Ruy Barbosa. Nas três interpretações, entretanto, era a posição relativa do país no concerto das nações civilizadas o que emergia como objetivo fundamental da argumentação. As três narrativas servem-nos, por um lado, como indício das formas de internacionalização existentes; por outro, são vestígio dos modos como se produziram inteligibilidades às relações multilaterais.

## Mediadores culturais

A comparação servia, ainda, para identificar bons modelos a serem seguidos pela política brasileira na administração educacional. A compreensão, largamente partilhada no pensamento científico da época, da trajetória humana como evolutiva referendava a observação das soluções implementadas pelas nações europeias e pelos Estados Unidos da América em seu caráter modelar. A cópia despontava como um procedimento "natural" de superação dos impasses locais pela exemplaridade do que Jürgen Schriewer[11] denominou de sociedades de referência. Constituídas como Estados-modelo, na interpretação do autor, tiveram um papel relevante

---

9 Valdemarin, *O liberalismo demiurgo*.

10 Machado, *Rui Barbosa:* pensamento e ação.

11 Schriewer, Estados-Modelo e sociedades de referência: externalização em processos de modernização. In: Nóvoa; Schriewer (eds.), *A difusão mundial da escola*, p.103-20.

na disseminação global da ideologia educacional na segunda metade do século XIX. Ao mesmo tempo que propiciaram a internacionalização do conhecimento educacional, ofereceram-se como "exemplo estrangeiro" ao movimento de externalização dos sistemas educativos.

No entanto, é preciso realçar que a aquisição dessas referências deu-se de modo ativo. Mais do que transplante cultural, as soluções trazidas de outros países para as terras brasileiras foram objeto de traduções culturais, e regressaram aos países de origem ou transitaram por outros espaços sociais e geográficos, tramando um circuito cultural de efeitos imprevistos. O emprego, nos textos de época, dos termos *adaptação* e *interpretação* indicia as apropriações operadas.

Ruy Barbosa,[12] na introdução ao livro *Lições de coisas*, de N. A. Calkins, que traduziu ao português, em 1883, preferiu valer-se de *adaptação* em lugar de utilizar tradução, evidenciando o que denominou de fuga à "subserviência literal, para ser fiel ao pensamento do texto". Referia-se ao empenho em discernir o que tinha utilidade de ser traduzido daquilo que era desnecessário ou inútil ao público escolar brasileiro, como por exemplo as tópicas concernentes à aprendizagem da língua inglesa. As irmãs Julia Lopes de Almeida e Adelina Lopes Vieira, ao traduzirem dezessete poesias do "delicioso livro de Luiz Ratisbonne – *Comédie Enfantine*", na composição da obra *Contos infantis*, em 1886, optaram pela ampliação dos versos como maneira de elucidar sua interpretação.[13]

Nos dois casos, percebe-se uma distância entre a transmissão e a recepção da cultura, ou o que De Certeau[14] denomina caráter produtivo do consumo cultural. Por um lado, esse consumo sofre os constrangimentos do momento histórico em que se opera. Por outro, testemunha a capacidade criativa dos sujeitos históricos. A questão põe em relevo, entretanto, uma problemática já anunciada pelos antropólogos culturais quando discutem a descrição etnográfica: a

---

12 Barbosa, preâmbulo do tradutor. In: Calkins, *Primeiras lições de coisas*, p.v-xv.
13 Almeida; Vieira, *Contos infantis*.
14 De Certeau, *A invenção do cotidiano*.

mediação cultural. Para Clifford Geertz,[15] a cultura é constituída por teias de significado, e sua análise só pode ser efetuada por meio de uma ciência interpretativa. Marshall Sahlins,[16] por seu turno, assevera que "cultura são ordens de significados de pessoas e coisas". A tradução na qualidade de transposição objetiva afigura-se nas duas vertentes como uma impossibilidade. Há sempre a necessidade de uma mediação, de uma interpretação, no trânsito entre duas culturas. É o que fez Maria Lucia Palhares-Burke[17] afirmar que a "recepção de uma cultura por outra exige, pois, que ela seja traduzida por um intermediário".

Pensar esses atores, os educadores da segunda metade do século XIX e início do XX, os representantes comerciais e a própria indústria escolar na qualidade de *mediadores culturais* impõe um duplo desafio: perceber o esforço consciente que realizaram de tornar o "outro" compreensível e reconhecer a existência de processos não conscientes operados por via de um hibridismo de culturas. Em ambos os casos, as reflexões de Serge Gruzinski,[18] ao referir-se aos *passeurs*, sustentam a análise. Ao operar com os conceitos de local e global, o autor nos provoca a interrogar sobre a presença do local no interior do global e ao mesmo tempo do global no seio do local. A circulação entre os mundos é tomada de maneira a recusar o sentido único das trocas, e incitar a compreensão das mestiçagens culturais, dos sistemas compósitos, das representações híbridas de si, do espaço e do tempo.

Se esses circuitos culturais comportam movimentos aleatórios, eles estruturam trajetórias que se organizam a partir dos sujeitos. Portanto, cabe retomar o conceito de redes, que desloca o foco de interesse para os atores não estatais e suas interações. Assumimos aqui o alerta de Eckhardt Fuchs[19] de que as redes são relações

---

15 Geertz, *A interpretação das culturas*.

16 Sahlins, *História e cultura*.

17 Pallares-Burke, *Nísia Floresta, O Carapuceiro e outros ensaios de tradução cultural*.

18 Gruzinski, Os mundos misturados da Monarquia católica e outras *connected histories, Topoi*, p.175-95.

19 Fuchs, Networks and the History of Education, *Paedagogica Historica*, v.43, p.185-97.

condensadas e intencionais entre atores confinados em um espaço específico e que se caracterizam por sua dimensão, intensidade, frequência, duração e pela velocidade dos contatos e trocas.

Assim, nos capítulos que seguem, ao concentrar nossa atenção em educadores, como Joaquim José de Menezes Vieira; em representantes comerciais, como Etienne Collet, Luis Conseil ou Charles Vautelet; em indústrias locais, como Eduardo Waller, e transnacionais, como a Maison Deyrolle; em livreiros, como David Corazzi; e em casas comerciais, como a Casa Lebre, estamos exercitando a categoria de *mediadores culturais*, no que comporta de remissão às redes de relações que foram se estabelecendo no período, por meio de viagens e missões pedagógicas e comerciais, do trânsito entre mundos, das trocas culturais que, no dizer de Roger Chartier, assumem a característica de *glocais*.[20] Estamos também reiterando a capacidade desses mediadores de tradução cultural, de apropriação e hibridação.

Por fim, estamos nos apartando das interpretações que, enraizadas na perspectiva eurocêntrica, estruturam a argumentação com base na relação centro-periferia, obliterando o movimento circular da cultura que inverte os vetores, provocando múltiplas apropriações e entrelaçamentos, embaralhando pontos de origem e chegada das inovações. Ou seja, se as sociedades de referência tiveram um papel relevante, como destaca Jürgen Schriewer,[21] esse papel não foi determinante do modo como a ideologia educacional foi incorporada e deglutida pelas demais nações e devolvida aos chamados Estados-modelo que, por sua vez, também, a reinterpretaram.

## A indústria escolar

A indústria escolar floresce no período considerado pela historiografia da Segunda Revolução Industrial, que vai da segunda

---

20 Chartier, Micro-história e globalidade, p.57.
21 Schriewer, op. cit., p.103-20.

metade do Oitocentos ao início da Segunda Guerra Mundial. Não por acaso, coincide com o nascimento das Exposições Universais, em 1851. O crescimento urbano, o desenvolvimento das comunicações decorrente da ampliação do número e extensão das estradas, rotas fluviais e ferrovias, bem como o aumento do volume do comércio e da imigração, ocorrido nas décadas iniciais do século XIX, catapultaram as mudanças sociais e econômicas, aceleradas visível e rapidamente na Europa,[22] dando impulso à segunda onda de industrialização.

Nesta, apesar dos bens de consumo manterem a liderança, foram impactados fortemente pelos bens de capital (ferro, carvão e aço). A incorporação do petróleo e da energia elétrica ao processo produtivo ampliou a capacidade das fábricas, favorecendo a introdução de máquinas. No compasso da estruturação do novo sistema fabril, as solicitações e concessões de patentes foram se complexificando; e, da mesma forma, os produtores buscaram criar mecanismos para assegurar monopólio sobre produtos e processos.

O cenário não foi diferente no que concerne à indústria escolar e à marcha da economia relacionada com o curso da escolarização de massa, com

[...] conseguinte transformação da manufatura escolar do século XIX (composta de oficinas artesanais de pequenas dimensões, não necessariamente especializadas, e operativas em uma área bastante delimitada, com frequência circunscrita ao âmbito da cidade ou, como muito, da região) naquela indústria escolar que está formada por uma ampla e variada cadeia de produção, composta de médias e grandes empresas industriais, capazes de produzir quantidades significativas de material escolar de todo tipo a preços mais reduzidos e distribuí-los diretamente em todo o território nacional (editoras, tipografias, fábricas de papel, indústria gráfica e cartográfica, fábricas de canetas estereográficas, penas, lápis e lápis de colorir, fábrica de tintas e carpintaria), que encontrava na escola sua saída comercial

---

22 Hobsbawm, *A era das revoluções*, p.190-1.

natural e que constituía um setor em constante expansão no mundo produtivo [...].[23]

Nesse sentido, ao discorrermos sobre a indústria escolar, em particular no século XIX e início do século XX, é preciso levar em consideração as variadas formas em que se apresentou, fosse como oficinas de caráter ainda artesanal, em geral visando o comércio local, ou indústria mecanizada, produzindo para o consumo em massa, que poderia tanto atender ao mercado nacional quanto internacional. É importante também perceber o modo como as empresas foram se estruturando para responder às demandas internas e externas, constituindo monopólios, como no caso do Syndicat Commercial du Mobilier et du Matériel d'Enseignement, que abordaremos no Capítulo 8, ou assegurando-se de patentes, como trataremos nos Capítulos 4 e 5 deste livro.

Nesse movimento, perceber a escola moderna como uma escola de massa assume uma dupla acepção. Por um lado, ao tornar-se obrigatória, destinava-se, ao menos como propósito, a cobrir a população em idade escolar. Por outro, ao incorporar sucessivamente artefatos produzidos pela indústria, industrializava-se, ou seja, visava industriar, homogeneizar práticas e processos. Autores como Margarida Felgueiras e Elisabeth Poubel e Silva[24] já destacaram a relação entre a seriação da produção industrial e a organização das escolas graduadas em Portugal, conhecidas no Brasil como grupos escolares. De fato, ao organizar os conteúdos escolares em séries e associar ano escolar a ano civil, a escola primária confluía com a indústria para planificar os processos tanto escolares quanto produtivos.

No entanto, as empresas voltadas para o mercado escolar, por força dos mecanismos de produção em série, não apenas responde-

---

23 Meda, A história material da escola como fator de desenvolvimento da pesquisa histórico-educativa na Itália, *Linhas*, v.16, p.23.

24 Felgueiras; Silva, A implantação das escolas centrais em Portugal. In: Vidal (org.), *Grupos escolares:* cultura escolar primária e escolarização da infância no Brasil (1893-1971).

ram às necessidades da escolarização de massas; também criaram necessidades que foram incorporadas ao processo de escolarização. A identificação entre qualidade de ensino e profusão de material didático, incitada pelo método intuitivo, foi acolhida de imediato pela indústria escolar, que passou a oferecer um número crescente de objetos ao trabalho pedagógico. Como empresas transnacionais, algumas dessas indústrias tornaram-se fornecedoras dos mais variados artefatos da cultura material escolar, tendendo, de modo inédito, a hegemonizar o comércio nacional e internacional e as práticas escolares.

A despeito de sua relevância, entretanto, os recursos didáticos não foram os únicos objetos introduzidos pelo processo de escolarização nos ambientes escolares. O mobiliário, com destaque para as carteiras escolares, mas não restrito a elas (com o acréscimo de mesas e cadeiras de professores, armários de variados formatos e distintas funções), também se constituiu em fonte de desejo de escolas primárias e secundárias e se tornou investimento privilegiado de governos. O caso mais emblemático da carteira, sobre o qual discorreremos no Capítulo 4, não obscureceu o impulso de compra de outros móveis, fomentando uma indústria local, como destacaram Diana Vidal e Vera Gaspar da Silva.[25]

Os catálogos das empresas dedicadas ao comércio escolar eram fartos de opções de mobiliário. Da mesma forma, todo um campo discursivo emergiu associando a saúde dos alunos à correta utilização de móveis adequados às diferentes atividades escolares. Educação, medicina e ergonomia deram-se as mãos em respaldo à indústria do mobiliário escolar, tornando a tarefa de equipar as escolas, um empreendimento extremamente custoso, embasado em preceitos científicos. Também aqui a guerra de patentes fez-se presente. Afinal, se o comércio transnacional de materiais didáticos encarecia-se com as taxas de importação e exportação e com o preço dos transportes, as negociações com mobiliário envolviam custos

---

25 Vidal; Gaspar, Por uma história sensorial da escola e da escolarização. In: Castro (org.), op. cit., p.19-42.

ainda mais elevados, o que estimulava a substituição dos objetos importados por nacionais, dando abrigo a expedientes de cópia de modelos. Estudos como os de Wiara Alcântara,[26] sobre a carteira escolar, de Valdeniza Barra,[27] sobre a lousa, e de Gecia Aline Garcia,[28] sobre a indústria moveleira, iluminam aspectos dessa intrincada relação entre escolarização e industrialização.

Outros investimentos de pesquisa, entretanto, ainda se fazem necessários. Como nos lembram Martin Lawn e Ian Grosvenor,[29] existe uma produção industrial que não é voltada especificamente para a escola, mas à qual ela recorre na estruturação de suas atividades administrativas e na organização de seu cotidiano. Ou seja, reflete a cultura do trabalho existente em outros ambientes da burocracia oficial ou privada, como livros de registros, livros de contabilidade, máquinas de escrever e demais artefatos que invadem escolas, órgãos e setores da estrutura educacional das cidades e suportam o labor de secretárias, assistentes administrativos, inspetores, almoxarifes, dentre outros. Da mesma forma, diversos objetos de cozinha, equipamentos e produtos alimentícios compõem a cadeia material da escolarização, assim como produtos de higiene e limpeza. Consistem todos em elementos da materialidade da escola, cujos custos constituem inversões consideráveis e, não raro, são objeto de disputa de grupos econômicos e políticos.

Por fim, a indústria escolar é ainda composta pela produção de uma miríade de artefatos de uso pessoal, como cadernos, lápis, caneta, borracha, cuja aquisição já não é de responsabilidade da escola ou de governos, mas que incide sobre os orçamentos familiares e movimenta todo um ciclo produtivo, tanto maior quanto mais ex-

---

26 Alcântara, *Por uma história econômica da escola:* a carteira escolar como vetor de relações.

27 Barra, *Da pedra ao pó:* o itinerário da lousa na escola paulista do século XIX.

28 Garcia, *Itinerário moveleiro:* o provimento material escolar para a instrução primária paranaense (anos finais do século XIX e início do século XX).

29 Lawn; Grosvenor, *Materialities of Schooling:* Design, Technology, Objects, Routines.

tensa for a escolarização do social. Sobre esse aspecto, no entanto, iremos nos deter no próximo item.

## Consumo escolar

De acordo com Juri Meda,[30] a escola passou a ser consumidora e o professor, cliente. Podemos acrescentar, ainda, as famílias a esse rol de consumidores visado pela indústria e pelo comércio escolar. Ao mesmo tempo em que as aquisições passaram a se pautar pelas lógicas de mercado e da legislação que amparava a compra de equipamentos e suprimentos por órgãos públicos, os sujeitos educacionais foram estimulados ao dispêndio em itens determinados e, raramente, intercambiáveis. Agregava-se, assim, à discussão sobre a indústria escolar outra categoria, seu par: o consumo escolar.

Tal como na argumentação feita no item anterior, esse consumo escolar pode ser percebido de várias formas e envolve tipos distintos de consumidores. De fato, consideramos que o consumo escolar remete a três categorias de mercadoria. Pode referir-se a: a) artefatos e mobiliários produzidos especificamente para o uso escolar, como livros, quadros parietais, cadernos, carteiras, mimeógrafos, uniformes, carabinas de madeira etc.; b) artefatos e mobiliários adaptados ao uso escolar, a exemplo de máquinas de escrever, microscópios, bancadas, equipamentos de ginástica, instrumentos musicais, produtos de higiene e limpeza, alimentos (e, em tempos mais recentes, computadores, projetores de filme, gravadores) etc.; e c) produtos/marcas cujo incentivo ao consumo a escola pode vir a incitar, como, dentre outras, Nestlé, Johnson & Johnson, Coca-Cola, Piraquê etc. A essa tipologia, associamos uma tripla natureza de consumo: a) administrativo: a administração escolar/o Estado; b) profissional: professores e educadores; e c) familiar: pais, mães, parentes e alunos.

---

30 Meda, A história material da escola como fator de desenvolvimento da pesquisa histórico-educativa na Itália, *Linhas*, v.16, p.7-28.

Por certo, não há uma relação direta e unívoca entre uma mercadoria e uma categoria de consumidor. Ao contrário, há alguns itens que são potencialmente consumíveis por qualquer sujeito escolar, o que torna ainda mais interessante o investimento da indústria e do comércio em determinados objetos, na medida em que veem ampliadas as alternativas de lucro. Em geral, é o caso de artefatos voltados ao uso pessoal, produzidos para o consumo escolar ou a ele adaptados, que podem ter baixo custo como cadernos, canetas, lápis, ou implicar um expressivo dispêndio, como modernamente os computadores.

Mas a escola pode atuar também como emuladora de consumo de mercadorias em nada relacionadas com seu universo. Ao prestigiar determinados produtos, seja pela aquisição de marcas específicas ou por facilitar sua propaganda no ambiente escolar, a escola potencialmente favorece um mercado que lhe é alheio. Não raro na memória afetiva de alunos, na atualidade, encontram-se excursões às fábricas da Coca-Cola, Toddy ou Piraquê. Esses eventos tinham por objetivo desenvolver o gosto pelo consumo de certos produtos. Organizadas com cuidado e às expensas das empresas, essas excursões significavam momentos de fuga do espaço da escola. Simultaneamente, encantavam pela possibilidade de conhecer pelas entranhas os processos de fabricação e admirar a magnitude das máquinas.

Por um lado, atestavam a excelência dos procedimentos e, por conseguinte, das mercadorias, feitas respeitando padrões higiênicos e com uso das modernas tecnologias. As viagens didáticas representavam um momento de vitrine às fábricas. Por outro lado, maravilhavam pela oferta de produtos que os escolares levavam para casa, de modo a envolver as famílias no ciclo do consumo. Representavam, assim, também uma estratégia de marketing para penetração de suas mercadorias.

Em tempos mais remotos, nos anos 1920, os concursos de robustez infantil, patrocinados pela Nestlé ou pela Johnson & Johnson, por exemplo, premiavam com seus produtos as mães, consideradas modelos de bons cuidados maternos. Ao entrelaçarem saúde e beleza da criança à utilização de mercadorias dessas marcas, as empresas suscitavam o consumo de produtos, tidos por de qualidade superior a outros disponíveis no mercado. Seu consumo, portanto, implicava a demonstração de zelo e do compromisso das famílias com o desenvolvimento ideal do infante.

Em um e outro caso, os propósitos visados eram estimular o consumo individual e familiar, atribuindo a certas mercadorias signos de distinção social, ou seja, tornando-as objeto de desejo. A adesão a marcas ou produtos pode ser vista como o resultado desses esforços, que não só fertilizavam os negócios, como acabavam por criar uma identidade entre um tipo de produto e um fabricante. Assim, refrigerante passava a ser sinônimo de Coca-Cola, e bebida achocolatada, de Toddy. De outro modo, as marcas poderiam ser condicionantes à aquisição de um produto, como a escolha de um leite por ser Nestlé ou de um xampu por ser Johnson's.

Por fim, não há como deixar de considerar, no reverso dessa argumentação, os alertas de Michel de Certeau[31] sobre o consumo ativo por parte dos sujeitos. Assim, do mesmo modo que as empresas mobilizaram estratégias de disseminação de produtos e de consolidação de suas marcas, os consumidores escolares, de maneira tática, constituíram formas rebeldes de se apropriarem dessas mensagens e dos artefatos que lhes foram distribuídos. Como *bricoleurs*, combinaram os usos previstos com novas utilidades, respondendo inesperadamente aos propósitos visados pela indústria ou comércio escolar e não escolar.

No que concerne ao primeiro aspecto, o mercado de troca de livros usados, o aproveitamento do uniforme escolar por crianças de uma mesma família, a produção de material pedagógico por professores, o recurso à sucata para a elaboração de material didático por parte de alunos são alguns dos exemplos de táticas que visam escapar ao consumo previsto e revelam a criatividade dos sujeitos na superação de obstáculos e na organização de práticas escolares, administrativas e familiares. No que tange ao segundo aspecto, a busca de marcas e produtos alternativos, a insistência em consumir

---

31  De Certeau, op. cit.

mercadorias tradicionais ou feitas em casa, o uso de produtos de modo não prescrito pelas empresas ou a recusa em dar atenção para determinadas marcas são outros exemplos de ações rebeldes desses sujeitos escolares, que potencialmente se combinam a processos de apropriação, hibridação e subversão.

## Comentários finais

Foi considerando esse cenário em que a indústria e o consumo escolar se constituíram na relação entre preocupações pedagógicas, políticas educacionais e interesses comerciais, por intermédio dos sujeitos percebidos como mediadores culturais que, neste livro, procuramos explorar em suas diferentes manifestações. Estruturamos os capítulos de modo a nos determos em aspectos particulares dessa abordagem transnacional da história econômica escolar.

Ao deslocar nosso olhar para as fronteiras tomadas como lugares de fluxo, em que se misturam os pontos de partida e de chegada, reconhecemos, como queria Néstor Canclini,[32] que as práticas culturais não são jamais puras, mas fruto de mestiçagens, constituídas como meio de os sujeitos se situarem em relação à heterogeneidade de bens e mensagens de que dispõem nos circuitos culturais e como forma de afirmação de identidades sociais.

O procedimento parece oferecer subsídios ao estudo da circulação de modelos e objetos pedagógicos, e de sua decifração e tradução, por parte dos sujeitos no trânsito entre os mundos. Nessa direção, torna-se possível supor que, para além do processo de difusão das sociedades de referência, seja factível investigar o que denominamos contramovimentos de difusão, ou seja, a disseminação realizada por centros não concebidos tradicionalmente como difusores, combinando a macro-história dos sistemas educacionais à microanálise das práticas sociais e escolares.

---

32  Canclini, *Culturas híbridas*.

No âmago desse investimento de pesquisa, está a indagação sobre como a modernidade educativa foi sendo reinventada, a partir de um signo de progresso que associava desenvolvimento científico e educativo à ampliação material da escola. A construção arquitetônica e a compra e distribuição crescente de materiais escolares serviram tanto à racionalização do ensino e à disseminação dos métodos simultâneo e intuitivo quanto responderam aos ditames da higiene, regulando espaços coletivos e individuais. Os critérios sob os quais a concepção de eficiência escolar foi construída, sobretudo evidente nesse final do século XIX, partilhavam do mesmo imaginário produtivo da Revolução Industrial, concebendo a graduação do ensino como fluxo e o investimento em educação como regulado pela lógica do custo-benefício.

Nesse espectro, a indústria foi (e tem sido) convidada a participar do esforço de propagação da escola, o que nos faz indagar a respeito dos efeitos do desenvolvimento industrial sobre a invenção da escola moderna. Por outro lado, a escolarização torna-se o epicentro de um novo tipo de consumo, não apenas porque a instituição passa a ser ela mesma uma compradora, mas porque insere toda a comunidade escolar na atividade de consumo.

No caso brasileiro, é preciso ressaltar, ainda, que se os artefatos chegaram às escolas oficiais com maior intensidade no alvorecer da República, a circulação dos modelos pedagógicos e o trânsito dos sujeitos entre os mundos retrocedem às décadas finais do Império. A participação de educadores brasileiros nas Exposições Universais, o comissionamento de professores para viagens ao estrangeiro ou as visitas ao exterior realizadas com recursos próprios demonstram o interesse por conhecer as inovações educativas e os modelos pedagógicos em circulação na Europa e nos Estados Unidos na segunda metade do século XIX. Já em 1854, a Reforma Couto Ferraz tornava o ensino elementar obrigatório em todo o Império, a despeito de ser restrito à população livre.

Assim, se foi no período republicano que esses investimentos assumiram maior visibilidade social e política, com a constituição dos grupos escolares nos vários estados brasileiros, não há como não perceber nas décadas finais do Império a invenção da modernidade educativa, referência para as iniciativas educacionais que se estenderiam até os anos 1910, como propomos observar neste livro.

Nos próximos capítulos, essas questões são esmiuçadas a partir de exemplos concretos, tomados da pesquisa de campo e analisados à luz de um arsenal teórico interdisciplinar que entrelaça aos aportes da história da educação referenciais da história transnacional e da história econômica.

# 3
# ARTEFATOS ESCOLARES: OS QUADROS PARIETAIS DA MAISON DEYROLLE[1]

No fim do século XIX, a Maison Deyrolle era uma das mais importantes casas editoras na França. Especializada em ciências naturais, a Deyrolle tornou-se a primeira fornecedora de material pedagógico para o governo francês. Um de seus produtos era o *Musée scolaire*. Consistia de quadros parietais com imagens coloridas visando ao ensino intuitivo. Com o objetivo de conquistar o mercado educacional brasileiro, a Maison Deyrolle e o médico e educador Joaquim José Menezes Vieira juntaram forças para traduzir os quadros ao português. No processo, entretanto, eles foram ligeiramente alterados, e noções de higiene, como limpar e cozinhar animais e como evitar doenças, foram introduzidas. O *Museu Escolar Brasileiro* pode ser encontrado em escolas brasileiras. No entanto, está presente também em escolas portuguesas, revelando um circuito que conecta França, Brasil e Portugal, na época, e nos oferece a oportunidade para explorar as possibilidades de uma história transnacional da educação.

---

1 Este texto traz a formulação de artigo publicado originalmente como Vidal, Transnational Education in the Late Nineteenth Century: Brazil, France and Portugal Connected by a School Museum, *History of Education*, v.46, p.228-41.

A partir desse enquadramento teórico, este capítulo objetiva tomar as fronteiras nacionais tanto como obstáculos quanto como canais de passagem para pessoas, ideias e artefatos. Ao seguir os passos de atores não estatais e examinar os efeitos das trocas efetuadas para as escolas elementares do Brasil e de Portugal, valemo-nos do jogo de escalas, tendo por foco, como estudo de caso, o *Museu Escolar Brasileiro*, o que faculta entrelaçar fontes primárias e contextos nacional e internacional. Assim operando, objetivamos demonstrar que a circulação não se restringiu a um movimento unilateral de transferência do centro para a periferia. Ao contrário, recusamos o paradigma da transferência que tende a, segundo Noah Sobe, postular pontos fixos de partida e de chegada e obscurecer "a complexidade das conexões e entrecruzamentos".[2]

O capítulo está estruturado em três partes. Na primeira, discorremos sobre a circulação de pessoas e ideias, com enfoque no método de lições de coisas. Na segunda, é a circulação de artefatos, em particular os museus escolares, que atrai nosso olhar. Por fim, nos detemos na discussão a respeito da tradução cultural a partir de uma reflexão sobre o ensino de ciências. A título de comentários finais, retomamos o debate sobre a história transnacional da educação.

## Circulação de pessoas e ideias: as lições de coisa

Em 1862, M. E. Lilienthal e Robert Allyn publicaram *Object lessons: Things taught: systematic instruction in composition and object lessons, prepared by order of the Cincinnati Public School Board* [Lições objetivas: Coisas ensinadas: instrução sistemática em composição e aulas objetivas, preparadas por ordem do Conselho de Escolas Públicas de Cincinnati]. Oito anos depois, Norman A.

---

2 Sobe, Entanglement and Transnationalism in the History of American Education. In: Popkewitz, Thomas (ed.), *Rethinking the History of Education: Transnational Perspectives on Its Questions, Methods, and Knowledge*, p.96.

Calkins lançou *Primary object lessons, for training the senses and developing the faculties of children. A manual of elementary instruction for parents and teachers* [Lições objetivas primárias, para treinar os sentidos e desenvolver as faculdades das crianças. Um manual de instrução elementar para pais e professores]. O livro foi traduzido ao português por Ruy Barbosa e publicado no Brasil em 1886, em uma edição de 15 mil cópias, paga pela Imprensa Nacional.[3] Os dois livros testemunham a importância que o método de lições de coisa atingiu na segunda metade do século XIX. Calkins elucidou os princípios em que se baseava a nova proposta pedagógica. De acordo com o autor, o conhecimento do mundo material derivava dos sentidos, e a percepção era o primeiro estágio da inteligência. Utilizar objetos em aula tornava a instrução mais agradável e os alunos mais atentos. O objetivo consistia em estimular os hábitos de observação acurada e encorajar as crianças a explorarem o mundo, seguindo o caminho aberto pelo empirismo no campo científico.

Os Estados Unidos da América, entretanto, não foram os únicos a acolherem a orientação. Na Europa, a defesa do que foi, também, denominado método intuitivo emergiu na pena de um dos mais renomados educadores do período. Entre 1879 e 1896, Ferdinand Buisson, diretor de educação primária do Ministério de Instrução Pública da França, promoveu o uso do método, argumentando que catalisava a necessidade infantil de espontaneidade, variedade e iniciativa intelectual. Repetia os preceitos que já havia enunciado em 1878, quando proferiu conferência na Exposição Universal de Paris.

O circuito das Exposições Universais constituiu-se em um relevante meio de promoção do método. Como Christian Lundahl e Martin Lawn destacaram, "as Exposições não foram apenas eventos ou espetáculos. Tiveram efeitos".[4] De acordo com o *Dictionnaire de pédagogie et d'instruction primaire*, de autoria de Buisson, Madame Pape-Carpentier popularizou a expressão *leçons de choses*

---

3 Calkins, *Primeiras lições de coisa*.

4 Lundahl; Lawn, The Swedish Schoolhouse: A Case Study in Transnational Influences in Education at the 1870s World Fairs, *Pedagogica Historica*, 51, p.319-34.

durante a Exposição Universal de Paris, em 1867.[5] Os relatórios da exposição ocorrida na Filadélfia (Estados Unidos), em 1876, reiteravam a referência obrigatória ao ensino intuitivo nas escolas norte-americanas. A disseminação internacional do método e o papel significativo das Exposições Universais nesse processo foram objeto de análise por Ruy Barbosa, membro da Comissão de Instrução Pública do Senado, em seu relatório publicado em 1882 sobre a reforma da educação primária no Brasil. Para ele,

> do complexo das exposições escolares [...] apurou-se uma grande lição: é que, hoje em dia, por toda parte, na Europa, na América, no Japão, o espírito pedagógico passa por uma transformação profunda. Essa renovação já se afirmara pelas últimas exposições internacionais; mas ultimamente se generalizou, e seus salutares efeitos traduzem-se de mil modos aos olhos do público maravilhado. Em toda a parte se vai buscar o progresso pela mesma senda; em toda parte se revela o desejo de introduzir *em todos os domínios* as ideias e praxes escolares que designa a expressão, relativamente nova, de *método intuitivo* (grifos do autor).[6]

O Brasil, portanto, não estava alheio a esse movimento internacional. Ao contrário, delegações oficiais frequentaram as Exposições Universais de Chicago (1873), da Filadélfia (1876) e de Paris (1878 e 1889). Relatórios escritos por educadores estrangeiros chegavam às nossas terras na versão francesa, como os de Buisson sobre a instrução primária na Exposição de Viena (1873) e Filadélfia (1876), ou traduzidos ao português, como os de Célestin Hippeau sobre a educação pública na América do Sul (1879), nos Estados Unidos (1871) e na Inglaterra (1872). Os dois últimos, inclusive, foram publicados no *Diário Oficial do Império* em 1871 e 1874, respectivamente.

---

5  Buisson. *Dictionnaire de pédagogie et d'instruction primaire.*

6  Barbosa, *Reforma do ensino primário e várias instituições complementares da instrução pública.*

Com respeito às viagens de educadores ao exterior, temos, dentre muitos outros, os registros de Abílio César Borges acerca de sua ida à Europa em 1866, 1870 e 1879, com o objetivo de conhecer práticas pedagógicas e modelos escolares para adotar em seus colégios; ou de Antonio Herculano de Souza Bandeira Filho à França, Áustria e Alemanha em 1883, comissionado para visitar jardins de infância e escolas normais; ou, ainda, de Maria Guilhermina Loureiro de Andrade aos Estados Unidos entre 1883 e 1887, para estudar o método de Froebel dos processos de aprendizagem intuitiva, apenas para citar três exemplos muito conhecidos.[7]

Joaquim José Menezes Vieira foi também um desses viajantes. Percorreu a França, Itália, Bélgica, Alemanha e Suíça, em 1882 e entre 1888 e 1889, em busca de inovações pedagógicas. Em sua segunda viagem, participou oficialmente como delegado brasileiro do Congrès International de L'Enseignement Primaire, que ocorreu entre 11 e 16 de agosto de 1889, na França, ligado à Exposição Universal. Quando voltou ao Brasil, trouxe referências que lhe permitiram implementar, um ano depois, o Pedagogium (1890-1919), similar em todos os aspectos ao francês Musée Pédagogique, tanto em seu interesse em preservar um arquivo das experiências ensaiadas na escola pública quanto em sua associação com uma biblioteca de apoio ao trabalho docente. Da mesma forma, criou a *Revista Pedagógica*, que emprestava seu nome da francesa *Revue Pédagogique*, e mandou publicar a série *Memórias e documentos*, inspirada na *Memoires et documents scolaires*.[8] Teria Menezes Vieira entrado em contato com a Maison Deyrolle durante essa viagem?

As novidades em educação e pedagogia mobilizavam sujeitos e governos a investirem nas missões e vitalizavam um novo comércio entre as nações: o comércio escolar. As visitas ao exterior acom-

---

7 Cf. os capítulos incluídos em Mignot; Gondra (orgs.), *Viagens pedagógicas*, p.90-113.

8 Para informações sobre Menezes Vieira, cf. Bastos; Vieira. In: Favero; Britto (orgs.), *Dicionário dos educadores no Brasil*, p.568-76; Bastos, *Pro Patria Laboremus:* Joaquim José de Menezes Vieira (1848-1897); Mignot (org.), *Pedagogium*: símbolo da modernidade educacional republicana.

panhavam a propagação da escolarização, alimentada pelas leis de obrigatoriedade escolar, emergentes em diferentes países, inclusive no Brasil, em particular na segunda metade do século XIX.[9] Entrelaçavam-se ao prestígio do método intuitivo, que se tornou um indicativo de excelência das práticas escolares por diversas nações.

As inovações decorriam, por um lado, e impulsionavam, por outro, o processo de estruturação da escolarização oficial, durante o século XIX, suscitando a preocupação com a eficiência da organização da escola, com a racionalização dos tempos escolares, com a supervisão das atividades docentes e a realização de estatísticas escolares; e ofereceram suporte para um decisivo incremento à produção industrial em exibição nas Exposições Universais, em especial àquela voltada à nascente indústria escolar.

Christian Lundahl e Martin Lawn evidenciaram a dimensão do fenômeno ao abordarem as relações transnacionais entre a Suécia e os demais países presentes na Exposição Universal de 1870. Em seu artigo, exploram os efeitos da exibição da reprodução de uma escola sueca, feita em tamanho natural, "como a maior intervenção política e educacional no mercado crescente das mercadorias educacionais, no interior do grupo das nações industriais avançadas, e do espaço das nações líderes em educação".[10]

## Circulação de artefatos: os museus escolares

Nesse cenário, em que a difusão do método de lições de coisa estava associada à escola moderna e à inovação pedagógica, o museu escolar emergiu, na tentativa de suprir a nova necessidade de recursos materiais ao ensino. Intimamente relacionado às recomendações do ensino intuitivo, consistia em coleções de objetos e quadros

---

9 Sobre as leis de obrigatoriedade no Brasil, consultar: Vidal; Sá; Silva, *Obrigatoriedade escolar no Brasil*.

10 No original, "*as a major political and educational intervention in the growing market of educational goods, into the group of advanced industrial nations, and into the space of leading education nations*". Lundahl; Lawn, op. cit.

parietais, usados sobretudo com o material didático para a aprendizagem introdutória das ciências naturais. Mas também atendia aos propósitos do ensino de história e do que consideramos modernamente como geografia humana.

Hoje em dia, quando pensamos em museus escolares, em geral supomos a existência de um prédio. No entanto, à época, o museu escolar tanto poderia ocupar um edifício – como foi o caso do Musée Pédagogique, criado na França em 1878 para preservar os objetos exibidos na Exposição Universal daquele ano; ou do South Kensington Museum, surgido em Londres em 1857, como resultado da Exposição Universal de 1851; ou mesmo do Pedagogium, no Brasil, desdobramento do Museu Escolar Nacional, nascido em 1883, em decorrência da Primeira Exposição Pedagógica, acontecida no Rio de Janeiro –, quanto poderia assumir o formato de quadros parietais ou de pequenas coleções de objetos para o trabalho em classe. No segundo caso, funcionavam como apoio didático às lições de coisa, sendo de fácil manuseio e transporte.

Em 1884, Manoel José Pereira Frazão, professor de ciências e matemática de uma escola pública primária masculina do Rio de Janeiro, definia o museu escolar como segue:

> Chama-se museu escolar uma reunião metódica de coleções de objetos comuns e usuais, destinados a auxiliar o professor no ensino das diversas matérias do programa escolar. Os objetos devem ser naturais, quer em estado bruto, quer fabricados, e devem ser representados em todos os estados pelos quais os fizer passar a indústria. Os que não puderem ser representados em realidade, sê-lo-ão por desenhos e modelos.[11]

De acordo com Frazão, existiam apenas dois museus escolares no Brasil: um mantido por Joaquim José Menezes Vieira, em seu colégio, e outro por Tobias Leite, na escola de surdos-mudos. A primeira referência remete à familiaridade de Menezes Vieira com a inovação pedagógica anos antes de sua conexão com a Maison Deyrolle e a

---

11 *Actas e Pareceres do Congresso da Instrucção, 1882-1883*, V.I a IV, p.3.

publicação do *Museu Escolar Brasileiro* (por volta de 1890). A segunda ilustra o principal propósito desse material didático: facilitar o ensino por meio dos órgãos do sentido, especialmente aqueles de visão e tato.

A fotografia do Museu Escolar Oliveira Lopes apresenta as várias possibilidades didáticas dos quadros parietais. Alguns eram compostos apenas por desenhos e legendas, enquanto outros tinham pedras, tecidos ou outro material natural ou manufaturado neles colados.

Museu Escolar Oliveira Lopes, em Válega, Portugal. Fotografia de Elizabeth Poubel e Silva, abril, 2004.

É difícil precisar exatamente quando os primeiros quadros parietais do *Musée scolaire Deyrolle* apareceram no Brasil. A Maison não esteve presente na Exposição Pedagógica do Rio de Janeiro, em 1883, de acordo com o *Guia para os visitantes*. Entretanto, Analete Schelbauer assevera que alguns de seus produtos estiveram em exibição na Casa Walcker.[12] Em 1892, no entanto, as cartas para

---

12  Schelbauer, *A constituição do método de ensino intuitivo na província de São Paulo (1870-1889)*.

a pedagogia visual cobriam todas as paredes internas do edifício, escadarias, salas e corredores do Pedagogium, segundo noticiava a *Revista Pedagógica*.[13]

O Pedagogium tinha sido instalado dois anos antes na capital da nova República, tendo como diretor Joaquim José Menezes Vieira. As funções da nova instituição incluíam:

> [...] oferecer ao público e as professores [*sic*] em particular os meios de instrução profissional de que possam carecer, a exposição dos melhores métodos e do material de ensino mais aperfeiçoado. O Pedagogium conseguirá seus fins mediante: boa organização e exposição permanente de um museu pedagógico; conferências e cursos científicos adequados ao fim da instituição; gabinetes e laboratórios de ciências físicas e história natural; exposições escolares anuais; direção de uma escola-modelo primária; instituição de uma classe tipo de desenho e uma oficina de trabalhos manuais; organização de coleções-modelo para o ensino concreto nas escolas públicas; publicação de uma *Revista Pedagógica*.[14]

As cartas penduradas nas paredes do Pedagogium, mencionadas pela *Revista Pedagógica* em 1892, eram provenientes da França, Itália, Bélgica e Inglaterra, dentre outros países, e tinham sido editadas por "Émile Deyrolle, Paravia, Armengaud, Reynold, Appleton, Pape Carpentier, Callawert, Johnson etc.".[15] No catálogo de 1894 da Maison não havia qualquer menção a coleções editadas em português ou em espanhol, o que mudou três anos depois, quando duas páginas foram dedicadas aos quadros especificamente editados para suprir as necessidades pedagógicas das escolas na América Central e do Sul. No *Album Photografico* produzido para a Escola Normal de São Paulo, em 1895, os quadros da Maison Deyrolle, traduzidos ao português, viam-se pendurados na parede da sala do inspetor escolar, como podemos averiguar na imagem a seguir.

---

13  *Revista Pedagógica*, n.18, p.334.
14  Ibid.
15  Ibid.

*Album Photografico*, de 1895. Centro de Referência em Educação Mário Covas – CRE, Secretaria da Educação do Estado de São Paulo.

O comércio com a Maison Deyrolle não se restringiu aos museus escolares. No *Livro de Registro das Correspondências do Diretor* (1877-1893) da Escola Normal de São Paulo há menções a compras de modelos de partes da anatomia humana e anatomia comparativa, e de modelos de frutas e flores, em 1893, no valor total de Fr. 3.250. Existe também referência ao representante comercial da Maison no *Livro de Registro Oficial da Correspondência da Escola Normal da Capital* (1893-1895). As negociações conduzidas com Etienne Collet, os detalhes das aquisições de itens e o processo burocrático levado a efeito para despender os recursos da Secretaria dos Negócios do Interior de São Paulo, assim como os trâmites de importação da mercadoria podem ser acompanhados por meio das cópias de diversos documentos registrados nos dois livros entre outubro de 1893 e maio de 1894.

Tampouco os negócios da Maison se resumiam ao trato com a Escola Normal de São Paulo. No *Livro de Registro de Inventário da Escola Normal do Brás*, em São Paulo, encontramos informação sobre a compra dos seguintes itens: 36 quadros parietais da Deyrolle (história natural), um barômetro Deyrolle, 8 mapas Émile Deyrolle de história natural, 25 mapas de mineralogia E. Deyrolle, 1 (Deyrolle) língua; 1 (Deyrolle) mão; e 1 (Deyrolle) modelo anatômico. Nem mesmo se circunscreviam a São Paulo. Nos Arquivos Públicos, assim como nos arquivos escolares, do Maranhão, Paraná, Santa Catarina e Rio Grande do Sul, encontram-se documentos atestando a aquisição de produtos da Maison Deyrolle pelas províncias de norte a sul do país.[16]

Vale enfatizar que esse comércio envolvia não apenas as ciências naturais ou a Maison Deyrolle. Nos catálogos da época, existem propagandas de carteiras escolares, armários, mesas de professores, cadeiras, rifles de madeira, equipamentos de ginástica, esqueletos médicos, globos, aparelhos ópticos, ferramentas, espécimes de zoologia e botânica, dentre outros objetos. Apenas como uma amostra da materialidade requerida para uma escola pública no final do século XIX, tomamos o inventário da turma de terceiro ano da Escola-Modelo Feminina da Caetano de Campos, em São Paulo, compilado por sua professora, Maria Varella, em 9 de dezembro de 1895:

[...] 1 campainha, 1 cesto, 39 livros de leitura João Kopke, 43 livros de leitura Leituras práticas, 1 bacia, 1 caneca, 70 lousas, 1 Livro de Chamada, 2 Modelos de caligrafia, 40 canetas, 1 metro, 1 régua grande, 38 réguas pequenas, 1 vidro com tinta, 1 ponteiro, 1 relógio, 1 globo, 4 almofadinhas para limpar as penas, 3 cadeiras, 1 carteira da professora, 42 carteiras das alunas, 2 carteiras com estrados, 1 caixa com tornos, 1 caixa com sólidos, 1 piano, 1 banco, 20 ganchos, 1 chave de parafusos, 1 tinteiro, 1 caixa com penas, 22 lápis de papel, 45 livros *As crianças e os animais*, 39 Cadernos de Aritmética

---

16  Cf. Castro (org.), op. cit.

n.2, 40 Cadernos de Aritmética n.3, 36 lápis de pedra, 32 agulhas para tecido, 7 livros com modelo para desenho, 2 volumes Festas Nacionais, 2 Programas, 2 volumes da E. Pública, 1 livro para aprender a contar, 1 livro de Química, 2 livros de Física, 1 Compêndio de Astronomia, 1 Compêndio de Geologia, 1 Geometria elementar, 44 Cadernos de caligrafia n.2, 45 Cadernos de caligrafia n.3, 45 Cadernos de caligrafia n.4.[17]

A natureza exemplar da Escola-Modelo indica o ideal almejado por uma escola primária no período. Nesse sentido, o texto citado não pode ser considerado como o padrão da materialidade existente nas escolas primárias brasileiras, mas como o mercado potencial que elas ofereciam. No caso do Brasil, um mercado não negligenciável. Afinal, desde 1879, as lições de coisa tinham sido recomendadas para introdução nas escolas públicas pela legislação criada por Carlos Leôncio de Carvalho para o Império. No *Regulamento da instrução primária e secundária no Districto Federal*, promulgado em 1890 por Benjamin Constant, ministro da Instrução Pública no Brasil, indicava-se que "o método intuitivo [deveria ser] constantemente empregado, servindo o livro de mero auxiliar".[18]

Cabe mencionar que ao final do século XIX, o Brasil figurava entre os quinze maiores compradores de mercadorias da França, de acordo com Jorge Luis Mialhe.[19] Vanessa Bivar e Eni Samara esclarecem que, de modo a competir com o Reino Unido e a Alemanha, a França construiu uma rede em que comércio e representação consular estavam entrelaçados, visando encorajar e promover exportação para terras brasileiras.[20] O esforço deu frutos e, a partir de 1850 e até o final do século, a França foi o segundo maior fornecedor

---

17  Inventários de bens da Escola Normal Caetano de Campos, 1895 e 1896.

18  Regulamento da instrução primária e secundária do Distrito Federal, *Revista Pedagógica*, v.I, p.77.

19  Mialhe, A emigração francesa para o Brasil pelo porto de Bordeaux: séculos XIX e XX. In: Vidal; De Lucca, *Franceses no Brasil, séculos XIX e XX*, p.54.

20  Bivar; Samara, Do outro lado do Atlântico: imigrantes franceses na São Paulo do século XIX. In: Vidal; De Lucca, op. cit., p.209-30.

do Brasil. Em suma, a Maison Deyrolle não consistiu na primeira empresa francesa a compreender a importância do mercado consumidor brasileiro.

O valor total dos negócios conduzidos entre a Maison e o governo e escolas brasileiras permanece desconhecido. No entanto, a manutenção de representantes comerciais no Brasil para vender produtos e mediar as compras nos permite inferir que os números deveriam ser compensadores. Até o momento, identificamos quatro representantes. Além de Etienne Collet, já referido, temos a informação de Joseph Joachim Louis de Gonzalves, Charles Vautelet e Louis Conseil.[21]

De fato, a Deyrolle tinha familiaridade com o mercado escolar e estava ciente de sua rentabilidade. Criada em 1831 por Jean-Baptiste Deyrolle, a Maison começou a editar os quadros parietais em 1861, na administração do naturalista Émile Deyrolle, e já nos anos 1870 tinha o governo francês como seu principal comprador. De acordo com a história compilada pela companhia, entre 1865 e 1885 na França, o "ensino e seus orçamentos cresceram fortemente".[22] A criação do museu escolar deveu-se ao aumento do número de escolas nas zonas rural e urbana como resultado da introdução da gratuidade e obrigatoriedade escolares. Deveu-se também à laicização e à expansão dos programas de ensino com a incorporação das ciências naturais e a disseminação do método intuitivo. Essas mudanças geraram uma nova necessidade de recursos materiais para a aprendizagem, adaptada a todos os níveis escolares (educação infantil, primária, secundária e técnica), assim como aos orçamentos disponíveis.

Não deixa de ser tentador indagar as razões que teriam levado Émile Deyrolle a contactar (ou a aceitar a proposta de) Joaquim José Menezes Vieira para ser autor de uma das coleções da Maison,

---

21 Sobre esses representantes comerciais, discorremos mais detalhadamente no Capítulo 8.
22 No original, *"L'enseignement et ses budgets ont été fortement développé"*. Deyrolle. Material mimeografado fornecido pela empresa em julho de 2008, p.2.

posto que à época a companhia dispunha de um representante comercial no Brasil e publicava quadros parietais em português. De modo similar, é curioso perguntar por que Menezes Vieira teria interesse no projeto (ou o concebera).

Possivelmente, ao associar seu nome a um proeminente educador brasileiro que, então, ocupava o prestigioso posto de diretor do Pedagogium, a Maison pretendesse ampliar suas vendas e tornar-se ainda mais conhecida no mercado escolar brasileiro. Talvez, antecipando a possibilidade de ganhos com a tradução dos quadros parietais, Menezes Vieira tenha iniciado a parceria com a Deyrolle. Ele possuía experiência na produção de material didático, tendo sido o autor do *Álbum, com oito lâminas para ensino intuitivo de história do Brasil*, anunciado no primeiro número da *Revista Pedagógica*, em 1891, por 3 mil réis. Havia também acompanhado de perto as exitosas repercussões da tradução de Ruy Barbosa do livro de Norman Allison Calkins, mencionado antes, que resultaram na compra de 15 mil exemplares pela Imprensa Nacional, consistindo em um negócio bastante lucrativo.

O fato é que a companhia e o educador juntaram forças para produzir o *Museu Escolar Brasileiro*, que trazia, como subtítulo, *Nacionalisação do Musée Scolaire Deyrolle, por Menezes Vieira, diretor do Pedagogium do Brasil*. O tamanho da produção é incerto, tanto em termos do número dos quadros editados quanto da quantidade de cópias e de distribuição. No entanto, é sabido que os quadros chegaram ao Brasil. Pode ser que os 36 quadros inventariados pela Escola Normal do Brás tenham sido dessa edição. A perda dos artefatos não nos permite dizer mais. No caso da Escola Normal de São Paulo, 55 quadros do final do século XIX sobreviveram no arquivo escolar; destes, quatro pertencem à série do *Museu Escolar Brasileiro* assinada por Menezes Vieira.

A escola Oliveira Lopes, em Válega, Ovar, distrito de Aveiro,[23] Portugal, detém o maior conjunto documental dessa série localiza-

---

23  Aveiro é uma cidade na costa oeste portuguesa fundada junto a uma laguna conhecida como Ria de Aveiro. Para maiores informações, consultar: https://www.cm-aveiro.pt/.

do até o momento. A descoberta desse acervo nos conduz a afirmar que os quadros feitos para o Brasil circularam também na escola portuguesa e nos faz indagar sobre os efeitos dessa circulação. Também reforça o argumento de que os países estavam emaranhados, e as inovações e os artefatos viajaram em direções policêntricas.

## O ensino de ciências e a tradução cultural

Embora seja razoável supor que a união entre a Maison e Menezes Vieira tivesse objetivos comerciais, a proposta de "nacionalização" dos quadros parietais, inscrita no subtítulo, nos leva indagar sobre o que temos denominado de tradução cultural, seguindo o trabalho de Maria Lúcia Pallares-Burke. De fato, ao traduzir os dizeres quadros franceses, Menezes Vieira alterou os conteúdos e reorganizou as imagens, tornando o material mais apropriado ao uso da escola primária brasileira. Isso pode ser percebido na comparação entre as duas lâminas, aparentemente idênticas, localizadas no arquivo escolar da Escola Normal de São Paulo.

Os dois quadros parietais têm o mesmo design editorial (dimensão, organização gráfica, tipo de fonte e desenho dos animais) e o mesmo conjunto de imagens de moluscos (caracol e lula) e radiados (ouriço-do-mar, medusa e anêmona). Entretanto, enquanto a lâmina francesa enfatiza o caracol, identificando seus órgãos internos, o *Museu Escolar Brasileiro* incluiu imagens do marisco no grupo dos moluscos e adicionou o grupo de anelídeos (sanguessuga, tênia – com sua cabeça amplificada – e lombriga).

A modificação dos quadros parietais pode nos informar sobre o contexto social e cultural do ensino de ciências naturais nas escolas primárias no final do século XIX. A secção do caracol no quadro francês pode significar uma atenção mais cuidadosa com um molusco frequentemente usado pela culinária na França. Com o estudo detalhado dos órgãos, o professor teria a oportunidade de fazer recomendações sobre a correta limpeza do molusco e a identificação de suas partes comestíveis. A inserção da sanguessuga, da tênia e da

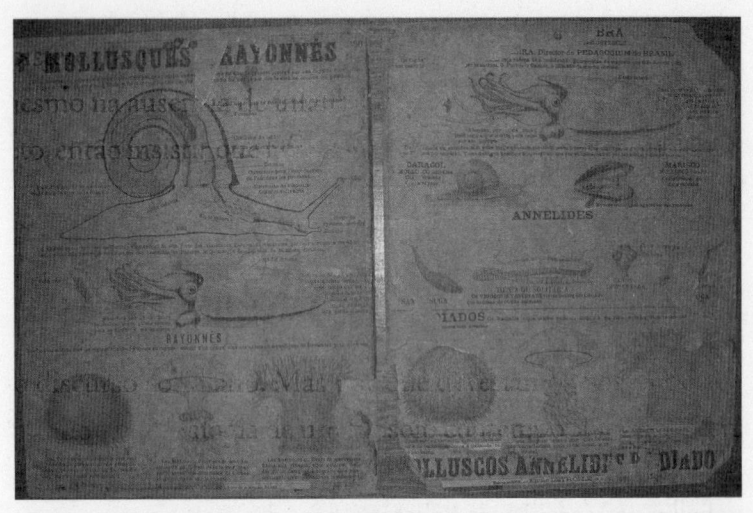

Quadros parietais da Escola Normal de São Paulo – Caetano de Campos. Centro de Referência em Educação Mário Covas – CRE Secretaria Estadual de Educação de São Paulo. Fotografado por Pedro Gonçalves Moreira, junho de 2005.

lombriga na lâmina brasileira, por sua vez, pode refletir uma preocupação com a prevenção e o tratamento de doenças comuns na população que vivia em condições insalubres no Brasil. Isso permitia ao professor dar conselhos sobre como evitar, identificar sintomas e curar tais enfermidades. A frase "os vermes intestinais vivem nos órgãos internos do homem de outros animais [sic]", inscrita abaixo da figura da tênia, reforça a hipótese.

Da mesma forma, a inclusão do marisco na lâmina brasileira pode ter tido função similar à do caracol no quadro francês; ou seja, permitir ao professor esclarecer como realizar a adequada limpeza do marisco antes da cocção, uma questão particularmente importante aos alunos das regiões costeiras, como Rio de Janeiro, em que o hábito de comer marisco é observado pela população ainda na atualidade.

A preocupação com o corpo sadio das crianças havia se tornado um tema extremamente relevante no final do século XIX no Brasil (assim como na França), e Menezes Vieira tinha muita consciência disso. Tendo se formado médico pela Faculdade de Medicina do Rio de Janeiro, em 1873, integrava um universo profissional e intelectual para o qual a promoção da higiene legitimava argumentos a favor da intrusão da medicina em todos os campos sociais e políticos, com o objetivo de prevenir doenças. De acordo com José Gonçalves Gondra, a necessidade de educar as novas gerações era o que compelia os médicos a intervirem não apenas nos espaços públicos, como também nos espaços privados dos lares.[24] A mudança de hábitos considerados "ignorantes" e a disseminação da "civilidade" emergiam como propostas nessa nova ordem.

A inclusão do molusco, da sanguessuga, da tênia e da lombriga nas lâminas no *Museu Escolar Brasileiro* representava, assim, a produção de conhecimentos e práticas escolares, fundadas no saber positivo e na racionalidade da ciência. Ao mesmo tempo, confirmava o novo estatuto assumido pela medicina na disciplinarização do corpo infantil e da ordem social.

A descoberta de lâminas do *Museu Escolar Brasileiro* em escolas portuguesas levanta um conjunto diferente de questões sobre a circulação de artefatos e o papel da indústria e do mercado na disseminação de modelos culturais. De quais formas e em qual medida a "naturalização" das cartas realizada pelo educador brasileiro respondeu aos desafios da escola portuguesa? Podemos assumir que o ensino em Portugal enfrentou as mesmas questões higiênicas e sanitárias que havia no Brasil? Afinal, mais do que apenas o idioma, o que estava em destaque nas traduções de Menezes Vieira eram a adaptação e a interpretação das cartas francesas ao contexto cultural da escolarização brasileira.

Essas questões estão ainda em aberto. No entanto, fazem-nos debruçar sobre uma dupla problemática. De um lado, remete à necessidade de atentarmos para as conexões em múltiplas escalas que a circulação de modelos, objetos e pessoas promoveram ao final do século XIX como resultado da crescente internacionalização das sociedades e culturas (bem como da indústria). De outro, suscita en-

---

24 Gondra, Medicina, higiene e educação escolar. In: Lopes; Greive; Faria Filho, op. cit., p.521.

tender como cada sociedade se apropriou de maneira diversa desses modelos e artefatos em suas escolas e nas práticas docentes.

## Comentários finais: história transnacional da educação

Argumentando que o processo de aprendizagem deve começar pelos sentidos, partir do concreto para chegar ao abstrato, o método intuitivo abriu as portas da escola primária para a introdução de grande número de artefatos que as crianças poderiam tocar e observar. Baseado na compreensão empirista da ciência, para a qual os conceitos são universais, as lições de coisa reforçaram sua vocação para circular internacionalmente e ser usadas por docentes em várias partes do mundo.

Esse movimento se associou à defesa do ensino simultâneo, que assumia que todos os alunos em uma classe deveriam aprender no mesmo ritmo, a partir do manuseio de materiais comuns; e da obrigatoriedade escolar, que pregava a extensão da escolarização a todo o público infantil. A escola de massas, que se desenvolveu no mesmo período em que aumentava a concentração urbana da população e ampliavam-se os efeitos da Revolução Industrial, tornou-se um mercado auspicioso de amplitude mundial e aberto à nascente indústria escolar.

O circuito descrito neste capítulo exibe os efeitos da internacionalização do setor educacional, ocorrido na segunda metade do século XIX, envolvendo, por um lado, a constituição de sistemas educacionais nacionais que despontavam e, por outro, já permeados por propostas e iniciativas transnacionais. Essa tensão evidenciava-se de maneira clara nos discursos da época.

A participação de educadores nas Exposições Universais, o comissionamento de professores para viajarem ao exterior e as visitas realizadas aos vários países com os recursos próprios demonstravam o interesse de sujeitos e governos em conhecerem as inovações educacionais e os modelos pedagógicos em circulação na Europa e nos Estados Unidos. No entanto, se reconheciam a importância das missões ao estrangeiro como uma maneira de modernizar a educação por meio da aquisição de materiais e do contato com as soluções pedagógicas exógenas, esses agentes enfatizavam a necessidade de os modelos encontrados no exterior serem adaptados ao meio educacional nacional, rejeitando a cópia servil. Como destaca Inés Dussel,

> [...] embora seja tentador considerá-las como imposições unilaterais dos centros coloniais para os países periféricos, a história dessas exposições é muito mais complexa e intrincada que a transferência de mão única. A análise da participação da Argentina, do Brasil e do México nas feiras mundiais que ocorreram entre 1867 e 1900 mostra que existiram muitas negociações e reescritas dessas narrativas em nível nacional.[25]

Nesse processo, mais do que adaptação, aconteceu uma verdadeira hibridação cultural, entretecendo as especificidades locais e as ideias pedagógicas que circulavam internacionalmente. Essa hibridação se materializou nos artefatos escolares e foi construída por meio de processos nos quais realidades sociais, econômicas e educacionais estiveram articuladas em múltiplas escalas.

---

25 No original, *"however tempting it is to see them as unidirectional impositions of the colonial centers on peripheral countries, the history of these exhibits is much more complex and intricate than a one-way transfer. The analysis of Argentina, Brazil, and Mexico's participation in the world fairs that took place between 1867 and 1900 shows that there were many negotiations and rewritings of these narratives at the national level"*. Dussel, Between Exoticism and Universalism: Educational Sections in Latin American Participation at International Exhibitions, 1860-1900, *Pedagogica Historica*, 47, p.617.

# 4
## COMÉRCIO LOCAL E CONSUMO ESCOLAR: A CASA LEBRE[1]

A escola pública, obrigatória e de massas emerge no cenário das cidades demandando e movimentando um conjunto de serviços e bens tipicamente urbanos. Neste capítulo, nosso objetivo é demonstrar como instituições de ensino paulistas demandaram do comércio local o suprimento de materiais necessários ao seu funcionamento burocrático, mas também ao desenvolvimento das aulas. Lançando mão de fontes, como ofícios produzidos pela secretaria das instituições ou pelo Tesouro do Estado de São Paulo, notas de compra, anúncios e propagandas de jornais sobre as atividades comerciais da Casa Lebre, entre 1894 e 1902, é possível perceber, de um lado, relações de *simbiose cultural* entre escola e mercado; de outro, relações econômicas e materiais da criação, do suprimento e da expansão da escola, como fenômeno tipicamente urbano.

---

1 Este texto traz as formulações de artigo publicado originalmente como Alcântara, Cultura material escolar e comércio local: uma abordagem da história econômica sobre a escola urbana (São Paulo, 1894-1902), *Revista Iberoamericana do Patrimônio Histórico-Educativo*, v.7, p.1-24. Parte deste trabalho também foi apresentada por Alcântara no XII Congresso Luso-Brasileiro de História da Educação, realizado pela Universidade Federal de Mato Grosso, na cidade de Cuiabá (MT), nos dias 23 a 26 de junho de 2020.

Há trabalhos significativos na área da história da educação que já se debruçaram sobre a emergência de um comércio internacional de objetos escolares, a partir da segunda metade do século XIX. Aqui, usando as lentes da história da educação, da história econômica e da cultura material, o interesse reside em pensar de que modo a escola, como fenômeno urbano e moderno, também movimenta o mercado local. Para tanto, será tomado o exemplo da comercialização de produtos de uma casa comercial portuguesa, a Casa Lebre, Mello & Comp., para uma escola de formação docente, a Escola Normal Caetano de Campos, e uma instituição de ensino superior, a Escola Politécnica, ambas em São Paulo.

A delimitação temporal inicial refere-se ao ano de instalação da Escola Politécnica e da inauguração do novo edifício da Escola Normal, quando ambas as instituições investem significativamente para criar suas condições físicas de funcionamento. Já 1902 é o último ano em que foram localizadas notas de compra ou solicitação de produtos da Casa Lebre pela Escola Politécnica. O procedimento metodológico consiste em confrontar tais fontes buscando construir inteligibilidades acerca dos modos de suprimento material da escola, identificar uma materialidade que sinaliza as práticas pedagógicas e burocráticas das instituições de ensino, e perceber os contornos da emergência de relações entre o público e o privado para o suprimento material de tais instituições.

É importante perceber, também, como a emergência da escola no cenário urbano contribui para o crescimento do comércio local. É esse comércio local que será responsável pelo fornecimento de itens básicos, de consumo imediato, necessários não só ao desenvolvimento das aulas, mas também ao funcionamento da estrutura, da burocracia ou de outras atividades escolares.

Entre 1894 e 1895, a Casa Lebre foi uma importante fornecedora, não apenas de materiais para uso nas aulas, mas também artigos para festas, para secretaria e para o funcionamento geral da Escola Normal Caetano de Campos. Forneceu materiais de escritório, limpeza e higiene e para as oficinas, o gabinete de física e laboratório de química da Escola Politécnica de São Paulo.

O texto está organizado em três partes. Na primeira, discorremos brevemente sobre a Casa Lebre. Na segunda, abordamos a relação comercial entre a Casa Lebre e a Escola Normal de São Paulo. Na terceira, a relação comercial entre a Casa Lebre e a Escola Politécnica de São Paulo é o tema privilegiado. A explicitação dessas relações, por meio da descrição dos materiais adquiridos, permite compreender como a escola, em seus vários níveis, se institucionaliza e se expande como fenômeno urbano e industrial/mercadológico. Mais que isso, ajuda a pensar como as relações econômicas entre escola e comércio local estão atravessadas por elementos culturais e simbólicos.

## Casa Lebre, Mello & Comp.

A Casa Lebre foi fundada em 1858, como uma loja de ferragens, pelos irmãos portugueses João Lopes Lebre e Joaquim Lopes Lebre. Este último, além de um influente comerciante, foi um dos fundadores da Sociedade Portuguesa de Beneficência de São Paulo, recebeu o título de barão e depois conde de São Joaquim e deu nome a duas ruas na cidade de São Paulo, a Rua Conde de São Joaquim e a Rua São Joaquim. Inicialmente, a empresa chamou-se Casa Lebre & Irmão, mas, segundo Barbuy,[2] em 1880 foi associada aos Mello. A loja estava situada na esquina da Rua Direita com a XV de Novembro, em uma região de modernos comércios no centro da cidade de São Paulo, conhecida como Triângulo. De acordo com Barbuy,[3] o estabelecimento experimentou uma notável prosperidade, ampliação, modernização e refinamento das mercadorias, passando a vender artigos variados e a ter marcas próprias de ferragens. A imagem a seguir evidencia o destaque do estabelecimento após a reforma e modernização em fins do ano de 1907.

---

2 Barbuy, *A cidade-exposição:* comércio e cosmopolitismo em São Paulo, 1860-1914.

3 Ibid.

Imagem 1 – Fachada da Casa Lebre
Casa Lebre, na esquina das principais ruas da cidade de São Paulo na época,
Rua Direita com XV de Novembro, na década de 1910.
Foto: Guilherme Gaensly/ Acervo do Instituto Moreira Salles.

A modernização pela qual passou a arquitetura da loja e o simultâneo refinamento das mercadorias mostram que o negócio dos portugueses foi prosperando na cidade nas últimas décadas do século XIX, com clientes diversos, dentre eles a escola e o estado.

As lojas de ferragens foram "um ramo que tendeu a manter-se nas mãos de luso-brasileiros [...] em 1857, eram dezessete casas desse gênero, todas em mãos de portugueses ou brasileiros, espalhadas no Triângulo".[4] A autora ainda ressalta que a Casa Lebre desenvolveu o comércio de drogaria, perfumaria e brinquedos importados, dos principais fabricantes da Europa, e móveis austríacos Thonet. Tais informações, levantadas por Barbuy[5] a partir de anúncios de jornais, podem ser vistas também nas notas de compra fornecidas pela empresa, no último ponto deste capítulo.

---

4  Ibid., p.153.
5  Ibid.

Situada na Praça da República, a Escola Normal estava próxima ao Triângulo e a apenas um quilômetro da Casa Lebre. Já a Escola Politécnica foi instalada no edifício Solar Marquês de Três Rios, na Praça Fernando Prestes, n.30, esquina com a Avenida Tiradentes, também no centro da cidade de São Paulo, a pouco mais de 2,5 quilômetros da Casa Lebre.

A menção a essas distâncias é relevante porque, na passagem do século XIX ao XX, o sistema de transporte ainda é incipiente e as possibilidades de locomoção, reduzidas. Portanto, nessa zona central da cidade, na região do Triângulo e proximidades, estavam não apenas os principais comércios, mas também as principais escolas. A título de exemplo, vale citar, além da Escola Normal e da Escola Politécnica, a Faculdade de Direito do Largo São Francisco.

A Casa Lebre também não foi a única empresa que se beneficiou da expansão da escolarização. Foram diversos os estabelecimentos comerciais acionados, por exemplo, como fornecedores da Escola Normal. A apresentação de alguns deles visa colocar em evidência os novos produtos e serviços que a escola pública e de massa passa a demandar.

Em 1885, a Casa Garraux forneceu livros num valor de 1.384.500 contos de réis. Essa livraria, de acordo com Deaecto,[6] se instalou na cidade de São Paulo em 1860.

A casa publicou catálogos de livros, que eram distribuídos na capital e no interior da província, e anunciou regularmente seus produtos nos impressos da cidade. Também explorou, o quanto pôde, sua condição de agente cultural francês, posto que não vendia livros apenas, mas, como assinalamos, um leque muito amplo de produtos que concorriam, como se acreditava na época, para a civilização das gentes.[7]

Com essa atuação no comércio de livros e outras mercadorias, a partir da década de 1880, a figura de A. L. Garraux se tornou

---

6 Daecto, Anatole Louis Garraux e o Comércio de Livros Franceses em São Paulo (1860-1890), *Revista Brasileira de História*, v.28, p.85-106.

7 Ibid., p.92.

célebre na sociedade paulistana, sendo conhecida de acadêmicos e políticos.[8] Além dos livros, forneceu também papel de fantasia para trabalhos manuais. A ordem de pagamento se deu em nome do sr. Thiollier & Cia.

E. Bianchini & Chelini forneceu, em 1894, "apparelhos de gymnastica instalados no gymnasio da escola", num valor de 681 mil contos de réis. Em 1895, com o nome de Elias Bianchini & Cia., a pedido do professor Manoel Baraziola, forneceu espingarda para o batalhão escolar.

Nesse mesmo ano, a Casa Levy forneceu quatro pianos para a Escola Normal. De acordo com Barbuy,[9] em 1860, na Rua XV de Novembro, Henrique Luiz Levy fundou a Casa Levy de pianos. Outros membros da família Levy atuaram no ramo da joalheria, mas o estabelecimento mais notável foi a Casa Levy de pianos.

Imagem 2 – Fachada da Casa Levy, em 1860.
Fonte: https://casalevydepianos.com.br.

---

8  Ibid., p.85-106.
9  Barbuy, op. cit.

O rol de estabelecimentos comerciais mencionado é apenas exemplificativo, pois muitas outras lojas e empresas forneceram materiais escolares e objetos diversos, necessários ao funcionamento regular da escola.

## A Escola Normal de São Paulo e a Casa Lebre

Em 26 de novembro de 1895, o diretor da Escola Normal da Praça, Gabriel Prestes, endereçou um ofício ao secretário de Estado dos Negócios do Interior, Alfredo Pujol, informando acerca de uma "despesa extraordinária feita com a exposição escolar, na importância de 708.200 contos de réis". Desejava que o Tesouro do Estado pagasse a referida quantia à Casa Lebre, Mello & Comp.

A relação das mercadorias adquiridas pode ser visualizada na nota fiscal a seguir.

Na nota de compra é possível identificar informações sobre a empresa. O endereço situa-se entre a Rua Direita e a XV de Novembro. A atividade econômica principal é destacada como uma loja de ferragens, mas oferece também "miudezas de armarinho, drogas, tintas, kerozene, chá, cera e couros. Completo e variadíssimo sortimento de perfumarias finas e artigos de ferro batido".

A compra foi registrada no dia 22 de novembro de 1895, somando um valor de 708.200 contos de réis. Essa nota de compra, anexada ao ofício de nº 111, da secretaria da Escola Normal de São Paulo, dá a conhecer os materiais usados em uma exposição escolar realizada na instituição no ano de 1895.

A Casa Lebre, Mello e Comp. forneceu um conjunto variado de artigos como fitas de cor, fechadura com campainha, toalhas de papel de seda, metros de tecidos diversos, grama, arame, dentre outros. Esse ofício chama a atenção porque, de um lado, faz menção a uma possível exposição escolar realizada pela Escola Normal, naquele ano. De outro, evidencia como a escola passou a depender cada vez mais do comércio local, não apenas para o fornecimento de materiais didáticos, mas de um conjunto de outros artefatos necessários ao seu funcionamento.

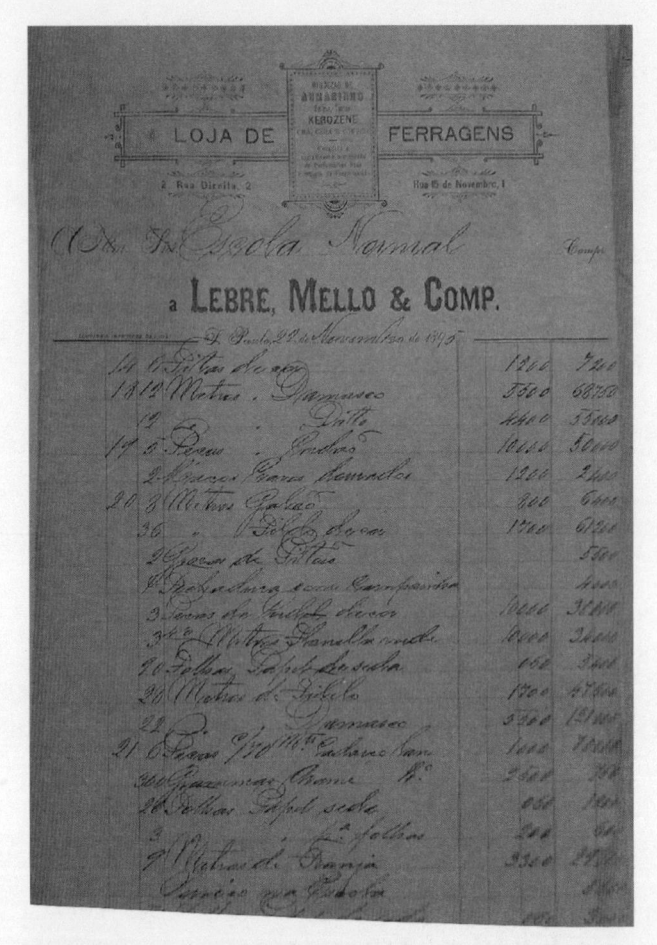

(Continuação)

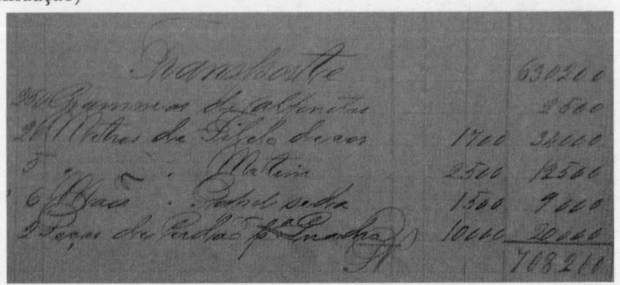

Imagem 3 – Nota de compra da Escola Normal de São Paulo/Casa Lebre
Fonte: Secretaria do Interior, 3ª Secção. Escola Normal, Ordem 7135, Série Manuscritos.

Essa não foi a única despesa extraordinária que a escola realizou na Casa Lebre. Artigos semelhantes aos adquiridos em novembro foram comprados em agosto daquele mesmo ano. Em 31 de agosto de 1895, foram fornecidos, dentre outras mercadorias: 6,25 metros de casimira; 12 papéis de agulha; 2,72 metros de linho branco; 1,20 metro de cambraia de linho; 1 mão de papel de seda; 1,5 metro de algodão em rama; 70 centímetros de veludo; 95 centímetros de cetim; 1 metro de cetim; 10 metros de froco; 9 metros de froco; 3 metros de fita; 30,65 metros de cordão de seda; 1 carretel de arame liso. O valor da compra totalizou a quantia de 682.220 contos de réis em favor da Casa Lebre.

As duas notas de compra, a de agosto e a de novembro, estão anexadas em ofícios do diretor da Escola Normal, Gabriel Prestes, ao secretário de Estado dos Negócios do Interior, Alfredo Pujol. A análise dos ofícios e das notas indica os procedimentos para a realização das despesas extraordinárias da escola.

Despesa, do ponto de vista contábil, são os gastos, aquilo que é preciso pagar para a manutenção da atividade. Diferencia-se dos custos, que estão diretamente relacionados à obtenção de um produto final. As despesas extraordinárias, por sua vez, são excepcionais, consistindo em gastos não regulares e/ou imprevistos, e diferem das despesas ordinárias, que se caracterizam por serem previstas, periódicas e/ou rotineiras.

As duas notas de compra tratam de despesas extraordinárias. Em 6 de setembro de 1895, Gabriel Prestes enviou a Alfredo Pujol o seguinte ofício:

Quadro 1 – Ofício de Gabriel Prestes a Alfredo Pujol

> Acompanha o presente contas de despesas extraordinárias feitas com esta escola na importância de 1.445$200 – a saber:
> Com obras de encanamento para collocação de lavatorios nas oficinas de trabalhos manuais da secção masculina e da sala de fotografia – 358$000;
> Com a colocação de novo tapete nas escadas em substituição ao anterior que se acha estragado – 405$000;
> Com a aquisição de material de ensino para as aulas de trabalhos manuais e de economia doméstica da secção feminina – 682$220.
> Peço-vos que vos digneis providenciar a fim de que pelo Thesouro do Estado seja paga a referida quantia de 1.445$200 – sendo $ 358$000 a Sartório José; 405$000 a Kesserling & Ivancko; $ 682$220 a Lebre, Mello & Comp.

Fonte: APESP, Série Manuscritos. Secretaria do Interior. Escola Normal. Caixa 530.

Se a nota de compra é de 31 de agosto de 1895, significa que, na realização de despesas extraordinárias, poderia ser uma praxe primeiro realizar a despesa e depois enviar o ofício ao secretário de Estado dos Negócios do Interior, solicitando o pagamento por parte do Tesouro do Estado.

Por certo, não eram todas as escolas que poderiam realizar despesas extraordinárias para atender situações de urgência e depois demandar ao Tesouro do Estado seu pagamento. É possível supor que o lugar social atribuído à Escola Normal da Praça, bem como a relação de proximidade dos sujeitos, diretor e secretário, criassem as condições para a adoção desses procedimentos.

Além da análise dos procedimentos de compra, tais fontes permitem saber mais sobre os materiais adquiridos, as empresas fornecedoras, os valores gastos, dentre outras informações. Em outras palavras, essas notas de compra fornecidas pelas empresas são fontes férteis para a compreensão dos processos econômicos, sociais e culturais que envolveram a institucionalização e a expansão da escola pública.

No caso da Casa Lebre, ela forneceu tanto materiais de armarinho para a realização de uma exposição escolar quanto materiais para aulas de trabalhos manuais e de economia doméstica, na seção feminina. A relação das mercadorias vendidas, constante na nota de compra, permite saber mais sobre os materiais usados nessas aulas de trabalhos manuais e economia doméstica, na seção feminina da Escola Normal.

Embora não seja o objeto deste capítulo, como resultado, a análise dessas notas de compras não deixa de apontar, também, para uma materialidade da educação das mulheres, professoras ou não. Materiais como tecido, agulha e "miudezas de armarinho" oferecem indícios de práticas escolares e não escolares voltadas para a formação das mulheres. O confronto de fontes como os programas da disciplina economia doméstica da Escola Normal, a literatura e documentos provenientes das relações comerciais e administrativas enriquecem a compreensão da relação entre um conjunto material, aparentemente insignificante, e perspectivas de educação feminina, dentro e fora das instituições de ensino, no período delimitado.

No caso da literatura, por exemplo, Machado de Assis, ao descrever a personagem Helena, assim a apresenta:

[...] Helena praticava de livros ou de alfinetes, de bailes ou de arranjos de casa, com igual interesse e gosto, frívola com os frívolos, grave com os que o eram, atenciosa e ouvida, sem entono nem vulgaridade. Sua imaginação fora a tempo educada: ela desenhava bem, sabia música e a executava com mestria; excedia-se em todos os mimosos lavores de agulha, que são prendas da mulher. [...] Era pianista distinta, sabia desenho, falava correntemente a língua francesa, um pouco a inglesa e a italiana. Entendia de costura e bordados e toda a sorte de trabalhos feminis.[10]

Publicado em 1876, resultado de folhetim romântico, no romance urbano *Helena*, Machado de Assis oferece indícios das características e formação de uma moça recém-saída de um internato. Helena sabia ler, e a educação da imaginação dela envolvia o desenho, a música, os trabalhos de agulha, "prendas da mulher", a costura e o bordado, "trabalhos feminis".

O cotejo dessas fontes permite afirmar que não são aspectos isolados a associação entre uma materialidade, como agulha, papel de seda, fitas e tecidos, e a representação da formação e educação das mulheres no século XIX. A semelhança das mercadorias descritas nas duas notas de compra permite supor que, embora as finalidades apresentadas pelo diretor para que as aquisições fossem diversas, na prática o uso seria o mesmo, a realização de trabalhos manuais pelas alunas e professoras. Não é improvável, por exemplo, o uso das aulas de economia doméstica para a realização dos trabalhos manuais relacionados à exposição escolar. De todo modo, o que se destaca aqui é a potencialidade da cultura material para evidenciar tanto relações intraescolares (concepções de formação, práticas escolares), quanto extraescolares (a escola e suas relações com a cidade, com o entorno micro e macro), sendo este último o objeto deste capítulo.

---

10 Assis, *Helena*, p.25.

A Escola Normal não foi a única instituição de ensino para a qual a Casa Lebre forneceu suas mercadorias. Notas de compras localizadas no Arquivo Histórico da Escola Politécnica da Universidade de São Paulo indicam que essa instituição de ensino superior também comprou artigos da Casa Lebre, como se mostrará a seguir.

## A Escola Politécnica de São Paulo e a Casa Lebre

Na Escola Normal, parte significativa dos produtos adquiridos da Casa Lebre era destinada às aulas de trabalhos manuais e economia doméstica, da seção feminina. No caso da Escola Politécnica, uma instituição de ensino superior, frequentada majoritariamente por homens, uma parcela considerável dos produtos foi encomendada para o laboratório de química e para as oficinas.

A Escola Politécnica tem a peculiaridade de ser a primeira instituição brasileira de ensino superior criada por um estado. Foi fundada em 1893 e instalada em 1894 com os cursos de Engenharia Industrial, Engenharia Agrícola e Engenharia Civil, e o Curso Anexo de Artes Mecânicas. De acordo com Padilha,[11] Antonio Francisco de Paula Souza foi nomeado o primeiro diretor, e Luiz de Anhaia Mello, vice-diretor. Os primeiros professores foram Manuel Ferreira Garcia Redondo, Francisco de Paula Ramos de Azevedo, João Pereira Ferraz, Luiz de Anhaia Mello, Carlos Gomes de Souza Shalders e Francisco Ferreira Ramos. Paula Souza projetou o edifício da Escola Normal de São Paulo, cuja obra foi executada por Ramos de Azevedo. Este, além de professor da instituição, viria a ser seu diretor entre os anos de 1917 a 1928.

A Lei n.191, de 24 de agosto de 1893, que regulamentou a organização da "Escola Polytechnica de São Paulo", descreve-a como "uma escola superior de mathematicas e sciencias applicadas ás artes e industrias". Na passagem do século XIX ao XX, em uma cidade em pleno e vertiginoso crescimento urbano, a instituição

---

11 Padilha, *A Escola Politécnica e a transformação de São Paulo*.

atendia e impulsionava o desejo de desenvolvimento industrial ao promover a formação de um "corpo profissional voltado ao progresso pelo domínio da ciência positiva e da técnica".[12]

A análise da documentação evidencia essas relações entre o crescimento urbano e comercial da cidade e a expansão da escolarização, do ensino primário ao superior. Ou seja, os modos como a necessidade de criação das condições de funcionamento das escolas e da expansão da cidade e do comércio mutuamente se alimentaram.

A documentação consiste em sessenta páginas de notas de compra, constando os registros dos artefatos e das substâncias vendidos pela Casa Lebre para a Escola Politécnica, entre os anos de 1896 e 1902. Todavia, a análise recaiu apenas sobre as notas referentes à aquisição de materiais para os laboratórios de física e química. A atenção aos elementos formais permite ver que a empresa usava três modelos diferentes de nota, embora todas contivessem as mesmas informações, como se pode perceber na comparação das imagens 3 e 4.

Inserir a imagem das notas de compras tem uma finalidade que não é a da ilustração. As imagens 3 e 4 permitem ao leitor conhecer um pouco sobre a materialidade das notas. A análise dessa materialidade demonstra que tais notas são mais que registros e documentação da movimentação comercial e financeira. Elas são usadas, também, como elementos de propaganda das atividades comerciais e empresariais.

Não por acaso, as notas de compra das mais variadas empresas têm elementos formais muito similares, inclusive as das empresas estrangeiras com presença de destaque nas Exposições Universais. Os elementos formais apontam para estratégias comerciais similares adotadas pelas empresas.

Nos dois modelos de notas da Casa Lebre (imagens 3 e 4), a empresa apresenta sua atividade principal, uma loja de ferragens, mas que também comercializa miudezas de armarinho, drogas,

---

12 Bontempi Jr., Escola Politécnica de São Paulo: Produção da memória e da identidade social dos engenheiros paulistas, *História da Educação*, v.19, p.153.

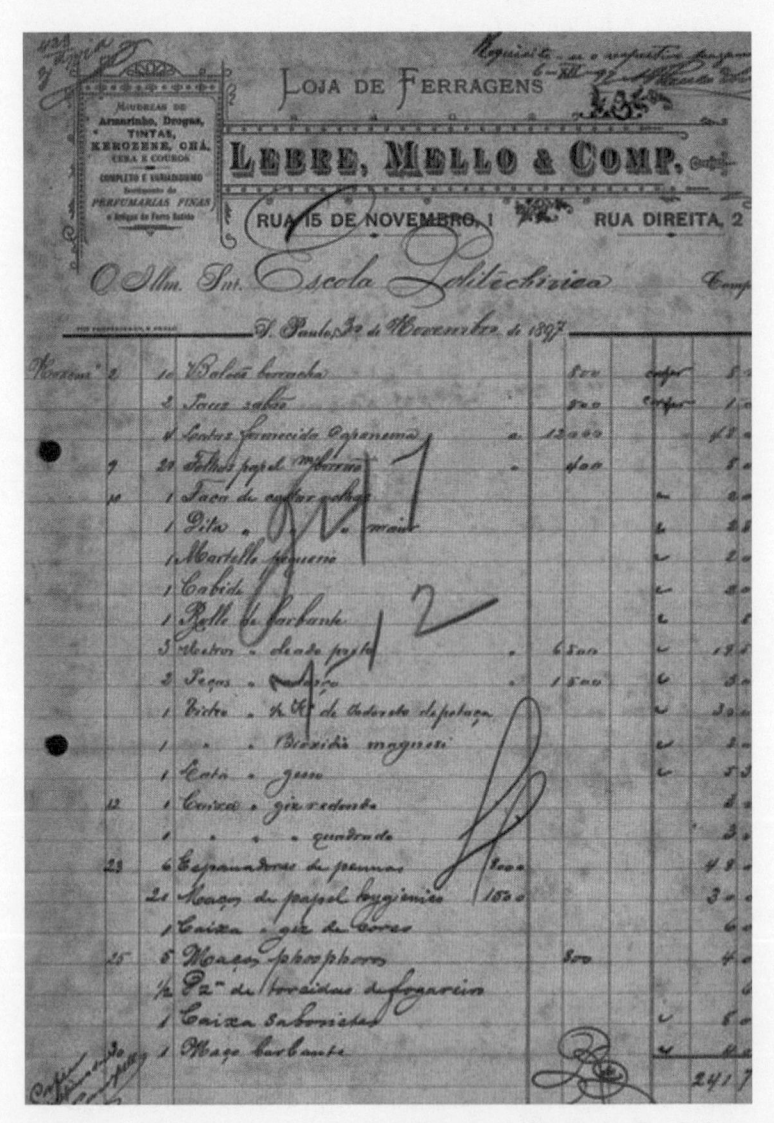

Imagem 4 – Nota de compra da Escola Politécnica de São Paulo/Casa Lebre

Fonte: Arquivo Histórico da Escola Politécnica da Universidade de São Paulo. Papéis de Lebre, Mello & Cia., p.10-1.

tintas, querosene, chá, cera e couro. Ela ofertava, ainda, "completo e variadíssimo sortimento de perfumarias finas e artigos de ferro batido". A questão é: que tipos de produtos uma loja nesse ramo de atividade poderia oferecer para uma instituição de ensino cujas áreas de atuação eram as ciências exatas e naturais?

Após a relação da mercadoria, a única informação que consta na página seguinte é a de que os materiais eram para "Chimica". No caso dos produtos descritos na Imagem 4, a Escola Politécnica adquiriu em novembro de 1897

> [...] 10 balões de borracha, 2 paus-sabão, 4 latas formicida Capanema, 20 folhas papel mata-borrão, 1 faca de cortar rolhas, 1 dita de cortar rolhas maior, 1 martelo pequeno, 1 cabide, 1 rollo de barbante, 3 metros de oleado preto, 2 peças de cadarço, 1 vidro de ½ quilo de iodoreto de potassa, 1 vidro de bioxidio magnesio, 1 lata de gesso, 1 caixa de giz redondo, 1 caixa de giz quadrado, 6 espanadores de pena, 20 maços de papel higiênico, 1 caixa de giz de cores, 5 maços phosphoros, ½ dúzia de torcidas de fogareiro, 1 caixa sabonetes, 1 maço barbante.[13]

Alguns desses materiais foram repetidamente adquiridos ao longo do período analisado. Em março de 1898, foram comprados para o gabinete de química "2 copos de christal, 1 prato de vidro, 1 caixa sabonetes, 1 vidro de goma arábica, 2 metros de tecido de arame, 1 caixa de sabonetes, 2 canivetes Rodgers". Em setembro de 1898, "1 groza (12 dúzias) de phosphoros, 1 caixa sabonete, 2 tesouras finas, 6 cartas de alfinetes, 2 pacotes de prego, 6 folhas de lixa pano, 1 cabide, 10 pacotes de lixivia". Em outubro de 1898, "1 lata com 6 litros de alcatrão". Em dezembro de 1898, "2 caixas sabonetes Refriger".

Em janeiro de 1899, há um detalhamento quanto ao destino dos materiais. Seriam para o laboratório de química analítica "1 caixa

---

13 Arquivo Histórico da Escola Politécnica da Universidade de São Paulo, p.10-1.

de sabonetes Refriger, 1 alicate, 1 martelo, 1 Sacarolhas, 2 tesouras, 10 pacotes de phosphoros, 1 carimbo de borraxa".[14] O mesmo laboratório recebeu um mês depois

> [...] 5 metros de tubo borracha 1 centímetro, 3 metros de tubo borracha 3 centímetros, 1 vidro gomma arábica, 1 pasta para escritório, 1 borracha, 10 folhas de mata-borrão, 1 tinteiro, duas canetas, 4 esponjas, 5 cadernos papel almaço, 1 baião de tinta, 2 escovas para mesa, 3 garrafas de litro de óleo, 2 lampadas de álcool, 1 escola (ilegível), 1 caderno para assentos, 1 metro, 1 vassoura, 2 baldes de zinco, 2 facas de cozinha, 4 facas de cozinha pequena, 1 duzia de folhas de lixa, 1 caixa de sabão comum, 1 escada com 7 degraus, 1 pasta para papeis.[15]

No caso do laboratório de química analítica, alguns materiais são recorrentemente adquiridos, como a goma arábica. Em abril de 1899, registra-se a compra, além de goma arábica, de "½ metro de oleado preto, 4 tesouras, 1 furador e 1 lima". Em maio, o referido laboratório foi suprido com "1 serrote, 1 camurça, 1 tijolo de ariar, 12 folhas de lixa, 1 alicate de cortar, 4 pares de borboleta, 1 chave parafusos, 1 vassourinha e 1 forno".[16]

Para o laboratório de química analítica, os registros das aquisições são finalizados em dezembro de 1899, constando "1 baião de tinta, 20 cadernos de papel, 1 caixa penas Mallat, 10 pacotes de phosphoros e 1 vassoura de palha Americana".[17] Por fim, são relacionados "4 bacias de ferro batido, 1 tacho de agatha, 1 tacho esmaltado, 2 espatulas, 5 metros de tecido de arame, 1 quador de café, 1 metro de tecido de latão, 1 moinho, 1 calderão, 1 broca, 2 quilos de chumbo e 1 forno de ferro com 15 ½ quilos". Esta última nota de compra contém a menção de que a relação foi conferida pelo preparador A. Tommaz.

---

14  Ibid., p.30.
15  Ibid., p.32.
16  Ibid., p.43.
17  Ibid., p.53.

Em quantidade menor, foram adquiridos materiais para o laboratório de química mineral, relacionados em duas notas. Na primeira, de janeiro de 1899, constam

[...] 2 caixas de sabonete, 10 pacotes de phosphoro, 3 escovas para mesa, 1.25 metros de oleado, 1 verruma, 1 moringa pintada, 100 ganchos, 8 torcidas, 5 novelhos barbante de cor, 24 folhas de lixa, 1 chave parafuso, 1 lavatório americano, 1 porta-voz e colocação do mesmo, diferença em oleado, 1 aparelho de louça para lavatório, 1 balde esmaltado, 1 maço de taxas.[18]

A segunda, de abril de 1899, relaciona "½ dúzia de sabonetes Refriger e 1 duzia barras de sabão branco",[19] conferidas pelo preparador Campell. Ainda em 1899, para química geral registra-se a aquisição de "1 grosa de parafusos e 1 vidro de verniz".[20]

Para o gabinete de física, consta a compra, em março de 1899, de "2 vidros de gomma arábica, 24 latas pomadas para metaes, ½ dúzia sabão Refriger e 1 mão de lixa".[21] Em julho de 1899, "1 caixa de etiquetas e 1 caixa de penas Mallat n.12".[22] Para o gabinete de física do curso preliminar, os materiais comprados em janeiro de 1900 foram "1 caixa de sabão Refriger, 1 maço velas clichy e 1 maço de phosphoros".[23]

Embora a Casa Lebre não fosse especializada no comércio de objetos escolares, seus produtos poderiam ser usados como complementares e até principais no desenvolvimento de trabalhos manuais, atividades escolares e experimentos científicos. Todavia, é curioso notar que há objetos empregados para o funcionamento das mais diversificadas tarefas escolares, como os serviços de limpeza,

---

18  Ibid., p.30.
19  Ibid., p.37.
20  Ibid., p.49.
21  Ibid., p.39.
22  Ibid., p.48.
23  Ibid., p.57.

segurança e secretaria. As notas de compra da Escola Politécnica registram a compra de esponjas, vassouras, caixas de sabão, cadeados, correntes, papel higiênico, veneziana, espanadores de penas, baldes, escovas para lavar, enxada, pratos de louça, copos de cristal, caneca, pá para lixo, pás para cisco, espanadores, máquina para café, escova para roupa, escarradeiras, argolas para chaves, dentre outros. Adquiridos repetidamente, dão ciência de uma materialidade muito variada exigida para o funcionamento dessa nova escola, que é a escola moderna. Sinalizam, também, dilemas da relação entre o público e o privado que vão emergir juntamente com a escola de massa e obrigatória.

Nos limites deste capítulo, o que se objetivou evidenciar foi a relação entre a expansão da escola urbana e o comércio local. Todavia, há pelo menos dois outros importantes aspectos que poderiam ser abordados. O primeiro diz respeito aos possíveis usos dos materiais adquiridos da Casa Lebre tanto nas aulas de economia doméstica como nas aulas de física e química. Ou seja, quais os possíveis usos de sabonete, goma arábica, fósforos, pomadas para metais, limas, lixas, dentre outros, nos laboratórios de física e química. O segundo refere-se a uma comparação entre os objetos científicos adquiridos para os laboratórios de física e química da Escola Normal e da Escola Politécnica. Isso porque, enquanto a Escola Normal voltava-se à formação de professores e professoras primárias, a Escola Politécnica visava, sobretudo, à formação de engenheiros. Este seria mais um estudo em que a materialidade da escola poderia oferecer indícios de finalidades e modos de formação em escolas de diferentes níveis, em São Paulo.

Por ora, as relações que podem ser estabelecidas são entre a materialidade para a formação de professoras primárias em aulas de economia doméstica e a materialidade para a formação de engenheiros. Ou seja, a comparação inicial entre a lima e a agulha. Agulha e lima apontam para perspectivas diferentes de formação de homens e mulheres, no processo de expansão da escolarização.

## Comentários finais

Neste capítulo, em uma escala micro, valemo-nos de uma abordagem da história econômica para pensar a emergência da escola urbana, considerando as relações entre a cultura material escolar e o comércio local. Falar de uma história econômica da escola significa dar destaque aos aspectos econômicos que impõem limites e possibilidades à expansão da instrução pública, sem dissociá-los das questões legais, sociais, culturais e políticas. Isso porque, de acordo com Kula,[24] não existe o fato econômico apartado de outros fatores.

Desse ponto de vista, há uma questão social e cultural que permite compreender, por exemplo, a forte imigração para São Paulo, no século XIX. No caso, um novo tipo de imigração de portugueses para o Brasil. Há questões e interesses comerciais, econômicos e também educacionais na relação entre escola e mercado. Sem dúvida, tais questões são separadas para fins didáticos e de recorte de investigação, mas todas se encontram devidamente imbricadas na tessitura do social e na própria escola.

A Casa Lebre é uma casa de comércio; a Escola Normal, uma casa do saber. A relação comercial entre esses dois estabelecimentos é apenas uma, dentre várias, que evidenciam um comércio intenso da escola não apenas com as grandes empresas que dominavam o mercado internacional de mobiliário e materiais escolares, mas de grandes e pequenas empresas locais capazes de fornecer itens mais básicos, como tecidos, fechaduras, arames, agulhas, papel, tinta, dentre outros.

Essa discussão contribui, também, para ampliar a noção do que significa afirmar que a escola é um fenômeno urbano. Se, de um lado, o crescimento das cidades e da população urbana vai demandar a expansão da rede de escolas e a ampliação da oferta de vagas, de outro, a escola é também um fenômeno urbano porque, para o seu funcionamento, vai demandar um conjunto de serviços tipicamente urbanos, como meios de transporte para locomoção de

---

24 Kula, *Problemas y métodos de la historia económica.*

alunos, professores e funcionários, serviços de água, esgoto e luz elétrica, e um comércio local com condições de suprir suas necessidades mais imediatas e corriqueiras, como aqui se pode perceber.

Embora não se desconheça a questão de que, desde o século XIX, a escola pudesse figurar entre as primeiras construções de uma comunidade, ou ainda, a questão da existência de escolas em áreas rurais, o ponto a ser destacado aqui é outro. Análises como as desenvolvidas neste capítulo elucidam como o modelo de escola que se disseminou no mundo, a partir do século XIX, está estritamente relacionado ao estilo de vida (indumentária, por exemplo), bens e serviços urbanos.

Por fim, retomando a ideia da *simbiose cultural*, percebe-se que, de um lado, no cenário urbano, a escola torna-se uma instituição que favorece o comércio local pela demanda constante e em grande volume de mercadorias. De outro, o comércio local garante o atendimento de necessidade básicas e emergenciais da escola. Nas últimas décadas do século XIX, momento de expansão não apenas da escola pública, mas também da própria cidade de São Paulo, não se podiam encontrar na cidade, e até no país, modernos objetos de ensino para o museu de história natural, o laboratório de química, o gabinete de física, dentre outros. Eles eram importados por diversos modos. No entanto, itens básicos para a secretaria da escola, trabalhos manuais, como os materiais de armarinho, por exemplo, foram cada vez mais amplamente fornecidos pelo comércio local, e isso foi de suma relevância para a manutenção mais corriqueira e diária do funcionamento escolar. É nesse sentido que, no período, comércio e escola estabelecem uma relação de *simbiose cultural*, importante e necessária ao desenvolvimento de ambos, pelo menos quando se pensa no modelo de escola que se disseminou no universo urbano.

# 5
# Indústria escolar transnacional: as carteiras escolares[1]

No Capítulo 2, tratamos da categoria indústria escolar apontando que ela se apresentou sob variadas formas, as quais não estão desconectadas dos modos como a escola moderna, obrigatória e de massas se expandiu. A escola demandou objetos produzidos em escala artesanal e em escala industrial.

No caso das escolas criadas em pequenas vilas e cidades, mais distantes das ferrovias, muitas delas tiveram o suprimento mobiliário, por exemplo, feito pelo modelo de produção em escala artesanal. Nesse caso, é possível citar desde os trabalhos artesanais realizados por professores e professoras, passando pelos artesãos locais, até as pequenas e grandes marcenarias.

Não se pretende afirmar aqui que as escolas rurais foram supridas pela produção artesanal e as escolas urbanas pela produção industrial. A análise da documentação, como se demonstrará neste capítulo, evidencia que a escola de massa em expansão demandou

---

1 Este texto toma suas formulações de Alcântara, Obrigatoriedade escolar e investimento na educação pública: uma perspectiva histórica (São Paulo, 1874-1908), *Revista História da Educação*, v.23; Id., A transnacionalização de objetos escolares no fim do século XIX, *Anais do Museu Paulista*: História e Cultura Material, v.24, p.115-59.

mercadorias resultantes de diferentes modos de produção, incrementando um comércio e um mercado em torno da escola.

Todavia, a produção em escala artesanal, pela característica da baixa disponibilidade, não seria capaz de atender em curto espaço de tempo uma escola em constante crescimento. É nesse cenário que a produção em escala industrial foi se tornando o modo predominante de suprimento mobiliário das escolas desde as últimas décadas do século XIX.

Nesse sentido, podemos falar em uma indústria escolar local, nacional e transnacional. Neste capítulo, trataremos da indústria de mobiliário escolar, mais especificamente da indústria transnacional de carteira escolar. Antes, porém, abordaremos de modo mais breve o caso da produção artesanal do mobiliário escolar, entendendo que esse procedimento evidencia os diferentes modos de produção que impulsionaram a escola e foram por ela impulsionados.

## A produção artesanal do mobiliário escolar

A produção artesanal, via de regra, pode ser caracterizada pela baixa padronização do processo e/ou dos produtos e pelo pequeno volume, se comparado com a produção industrial. Atualmente, podemos falar na produção industrial do artesanato, mas, para o século XIX, consideramos por produção artesanal as mercadorias fabricadas por artesãos e marceneiros, com o uso de ferramentas manuais ou mecânicas, de baixa ou média complexidade. Uma mão de obra especializada e conhecedora de todo o processo de produção.

No século XIX, a produção local e artesanal do mobiliário era o meio mais rápido e acessível para equipar escolas mais distantes ou que recebiam pouco investimento do poder público. Fontes como correspondências de diretores e professoras do século XIX dão indícios tanto da escassez de mobiliário quanto dos mobiliários de que algumas escolas dispunham. Evidenciam, também, os mobiliários que as professoras e diretores reivindicavam e os meios de obtê-los.

Em 1882, por exemplo, a professora Isabel Maria da Glória Vieira relatou ao inspetor geral da Instrução Pública o estado de sua escola:

> A minha escola [...] foi creada o ano passado e até hoje ainda não foi provida de moveis e utensis apenas recebi da substituta alguns exemplares e na Repartição da Instrução Pública outros de que existe recebi nessa Repartição, quanto aos moveis e utensis, não só por ser a minha eschola nova, matricula e frequência de alumnas como também para a boa marcha do ensino é necessário que V. Sa. mande fornecer os mesmos, e além disto nada mais tenho a relatar a V. Sa.
>
> A Profa. Pública Normalista – Isabel Maria da Glória Vieira.[2]

A correspondência da professora Isabel é uma dentre várias que mostram a precariedade do mobiliário e das condições de funcionamento da escola oitocentista.[3] Como se lê na correspondência da professora Isabel, nem sempre as solicitações de móveis e utensílios eram atendidas. No caso de São Paulo, o *Livro de Moveis e Utensis* (Distribuição de 1854 a 1872) contém o registro do mobiliário entregue a diversas escolas da província, o valor de cada item e o modo como chegaram aos estabelecimentos de ensino. O *Livro* servia para "n'elle se lançarem os utensis, e as quantias para a compra dos

---

2 Arquivo Público do Estado de São Paulo, Instrução Pública – Relatório das localidades – Capital, anos: 1852-1888; Caixa 12; Ordem 4930 – Relatórios escolares – 1883; Pasta 23, maço 3 – Papéis fechados 23; M. D. Lorena, Relatório do estado da eschola pública do sexo feminino do Bairro do Lavapés, Distrito do Sul da Freguesia da Sé, nesta Capital. Ao Inspetor Geral da Instrução Pública.

3 Alcântara, *Por uma história econômica da escola*: a carteira escolar como vetor de relações (São Paulo, 1874-1914).

mesmos, e dos moveis que foram fornecidos aos estabelecimentos d'Instrução Pública desta Província".[4]

Essa é uma fonte relevante para se compreender o caso da produção local e artesanal, pois os professores e professoras recebiam importâncias/valores monetários para compra de móveis, possivelmente na própria localidade da escola. No verso da primeira página do *Livro*, por exemplo, datada do ano de 1854, registra-se a importância entregue à professora Maria Francisca da Conceição Barbosa (51.000 réis) e ao professor Manuel Dias da Silva (44.600 réis) para a compra de móveis.

Essa situação pode ser observada até os anos de 1868 e 1869, mas também havia compras que eram feitas pelos inspetores do Distrito. Nesse momento, o investimento, quando existia, parecia obedecer ao critério do "mínimo necessário", isto é, 1 estrado, 1 cadeira e 1 mesa para professor e bancos e bancas para os alunos. A professora ou o professor se responsabilizava pela compra do material e mobiliário escolar, quando não com o dinheiro da província, com o seu próprio.

Em torno do ano de 1870, o material que chegava à escola, conforme o *Livro de Moveis e Utensis*, já era mais diversificado, e os modos de aquisição, mais formais. Isso significa que o incremento material da escola e uma progressiva complexificação burocrática da instrução pública são anteriores à lei de instrução obrigatória e à proclamação da República, embora não se possa negar que ambos os acontecimentos tiveram contribuições importantes, tanto para equipar materialmente a escola quanto para maior organização da instrução pública.

No ano de 1869, a escola do Bairro das Almas, como outras, recebeu também *utensis*: lousas (27), canetas de latão (27), lápis de pedra (27), traslados cortidos (90), garrafas de tinta (6), tinteiro e areeiro (1), Quadros Históricos (8) e Geográficos (6) da Província. No entanto, não constam mais as importâncias entregues direta-

---

4 Arquivo Público do Estado de São Paulo, *Livro de Moveis e Utensis* (Distribuição de 1854-1872), Ordem 1124.

mente aos professores, professoras e inspetores. A informação a partir daquele ano passou a ser: "N'esta data foram entregues ao respectivo professor, n'esta Secretaria os seguintes Utensis". Se o material escolar vai se diversificando, o mobiliário permanece o mesmo, bancos e bancas, mas a forma de adquiri-los torna-se mais complexa.

A partir de 1870, o inspetor do Tesouro e a Coletoria começaram a participar das aquisições dos materiais escolares. Sobre a 1ª Cadeira de 1ªˢ Letras do sexo feminino de Mogi-Mirim, lê-se: "Nesta data [26 de janeiro de 1870] officiou-se ao Inspetor do Thezouro solicitando-se expedição de ordem ao Collector da cidade supra para pagar a importancia dos móveis e utensílios fornecidos á esta escola [...]". Quando se refere aos materiais, apenas consta que eles foram "entregues ao professor pela Secretaria", ou seja, a Secretaria da Instrução Pública de São Paulo. Também não há menção de valor monetário dos objetos. Já quando se trata dos móveis, envia-se um ofício ao inspetor do Tesouro solicitando expedição de ordem ao coletor da cidade para pagamento dos móveis. Em quase todas as escolas da província, os móveis entregues foram:

- 6 bancos de 10 palmos de comprimentos ------------27$000
- 3 bancas de 10 palmos de comprimentos
  e 2 ½ de largura -----------------------------------15$000
- 1 meza de 5 palmos em quadra ---------------------20$000
- 1 cadeira para o professor ----- --------------18$000   VALOR = 80$000

Isso pode indicar que, enquanto os utensílios já estavam disponíveis na Secretaria, os móveis seriam fabricados de acordo com a demanda. Provavelmente, seriam feitos por um mesmo fabricante/marceneiro na mesma quantidade e mesmo valor para todas as escolas. O pagamento dos móveis era realizado pelo coletor da cidade, depois de autorização dada pelo inspetor do Tesouro. Na hierarquia de administração tributária, o inspetor do Tesouro era o funcionário abaixo do presidente da província. Ele deveria dar as ordens para liberação da verba pelo coletor da cidade. Como uma das Estações Arrecadadoras, a Coletoria era composta por um coletor e um escrivão. "As Coletorias eram as estações encarregadas da arrecadação da receita comum interna da Província".[5]

O *Livro* evidencia como diversas escolas do interior paulistas foram equipadas por meio de uma produção artesanal e local de móveis. Entretanto, o aumento do número de escolas impulsionou duas outras ações do poder público. Primeiro, exigiu uma organização mais racional da administração pública na identificação de escolas que necessitavam de móveis, bem como uma distribuição mais equitativa entre as instituições de ensino. Segundo, exigiu que o poder público, para garantir e fomentar a expansão, adquirisse o mobiliário de empresas que pudessem ofertar, em curto espaço de tempo, grande quantidade de mobiliário padronizado. Mais que isso, um mobiliário que atendesse aos ditames médico-higiênicos do século XIX.

É nesse âmbito que ganhou relevo a indústria transnacional de mobiliário escolar, como se verá a seguir.

## A produção industrial e transnacional do mobiliário escolar

A produção industrial pode ser caracterizada pelo alto grau de padronização dos produtos e pela possibilidade de ofertar em um curto espaço de tempo grande quantidade de mercadorias. Ou seja, é uma produção em larga escala, por meio do uso de máquinas, de modo que não se tem, pelo menos de modo preponderante, um trabalho artesanal, mas um processo de montagem.

Essa característica da linha de produção se relaciona com o uso de uma mão de obra pouco especializada, processo típico da Segunda Revolução Industrial. Como resultado, a grande capacidade de oferta e disponibilidade das mercadorias diz respeito não apenas à produção, mas também à distribuição.

---

5 Tessitore, *Fontes da riqueza pública:* tributos e administração tributária na província de São Paulo (1832-1892), p.91.

No caso da indústria de mobiliário escolar, pode-se afirmar que as características descritas foram importantes para sustentar o modelo de escola que se disseminou em todo o mundo ocidental a partir de meados do século XIX. Nos mais diferentes países foram constituídas empresas com especialidade na produção de mobiliário escolar. As atividades comerciais dessas empresas não ficaram circunscritas aos seus países. No âmbito de um movimento crescente de globalização e das viagens transcontinentais, as indústrias de mobiliário escolar rapidamente se tornaram empresas transnacionais. A comercialização da carteira escolar talvez seja o caso mais exemplar desse fenômeno da indústria escolar transnacional.

A transnacionalização da indústria de carteira escolar pode ser observada a partir de, pelo menos, cinco movimentos. O primeiro é a presença dos modelos de carteira de algumas empresas em diversos países. O segundo é a reprodução do design de carteira por empresas de diferentes países. O terceiro tem a ver com a participação das empresas fabricantes de carteira escolar nas Exposições Universais do século XIX. O quarto diz respeito ao uso dos catálogos em escala transnacional, para propaganda e comercialização das mercadorias. Por fim, o quinto relaciona-se com o crescente número de solicitação de patentes de carteiras escolares.

Esses movimentos não constituem fenômenos apartados, mas integrados no âmbito da circulação transnacional das indústrias de carteiras escolares. Temos destacado neste livro a importância da circulação e comercialização dos objetos escolares e respectivas empresas/fabricantes nas Exposições Universais. No caso da carteira escolar, foi ampla a participação de empresas fabricantes, assim como foi considerável a variedade de produtos, a concorrência e a disputa do mercado por essas empresas. Peyranne[6] aponta a relevância de duas exposições para a questão do mobiliário escolar: a de

---

6 Peyranne, *Le mobilier scolaire du XIX$^e$ siècle a nos jours:* Contribution a l'étude des pratiques corporelles et de la pédagogie à travers l'évolution du mobilier scolaire.

1867, em Paris; e a de 1873, em Viena. O Brasil participou das duas, sendo que o tema da última foi "cultura e educação".[7]

Do ponto de vista teórico, a discussão era fomentada – por revistas pedagógicas, manuais de pedagogia e outros – e discutida entre educadores, diretores de escolas públicas e privadas, médicos, higienistas, funcionários e administradores públicos. Tais discussões serviam muitas vezes de fundamento e referência aos arquitetos, empresários, professores e administradores públicos na construção e/ou seleção dos modelos de carteira.

Para citar um importante exemplo, Ferdinand Buisson, diretor do ensino primário francês, em seu *Dictionnaire de pédagogie et d'instruction primaire*, no verbete "mobiliário escolar",[8] salientou que havia muito tempo se reconhecia na França a necessidade de estabelecer um mobiliário escolar em condições que as crianças pudessem ler e escrever, preservando-os de atitudes viciosas.

Segundo Buisson, a questão não foi realmente posta na França até a Exposição Universal de 1867, quando o país teve uma sala "reservada ao espaço escolar. Modelos de carteira inteiramente novos são apresentados".[9] O atraso francês, na percepção de Buisson, devia-se à constatação de que, na década de 1850, os Estados Unidos e outros países já estavam discutindo, projetando, fabricando e apresentando novidades na área de carteira escolar. Segundo Buisson, nos Estados Unidos,

> [...] em 1854, a obra de Henry Barnard tinha chamado a atenção para a importância da boa mobília escolar; na Alemanha, por volta de 1858, o dr. Schreber; finalmente, de 1863 a 1865, o dr. Fahrner para Zurique e o dr. Guillaume em Neuchâtel, fizeram uma reforma nas carteiras indicando os danos à saúde dos alunos.[10]

---

7  A participação do Brasil é mencionada por Schoroeder-Gudehus; Rasmussen, *Les Fastes Du Progrès:* Guide des Expositions Universaelles, 1851-1992, p.78, 86.

8  Buisson (dir.), *Dictionnaire de Pédagogie et d'instruction primaire*, p.1940-9.

9  Peyranne, op. cit., p.132.

10  Buisson, op. cit., p.1941.

Todavia, ainda que a França tenha iniciado a exibição de novos modelos de carteiras na Exposição de 1867, "a grande superioridade dos modelos americanos é reconhecida",[11] inclusive por C. Defodon, pedagogo francês, professor na Escola Normal de formação de professores de Auteuil (1872-1879), bibliotecário do Musée Pédagogique (1879-1885) e inspector primário em Paris (1885-1891).

A menção detalhada ao modo como a questão estava sendo enfrentada em diferentes países evidencia tanto a circulação transnacional das ideias, como também uma atenção aos modelos e fabricantes de carteiras. Com isso, no período, "toda uma cultura nasce em torno da carteira".[12] Uma cultura que se constituiu, também, no âmbito das exposições, sobretudo a partir das características dos modelos que ganharam destaques e premiações.

Na Exposição de 1867, segundo Peyranne, o destaque foi a mesa-banco americana de Illinois.

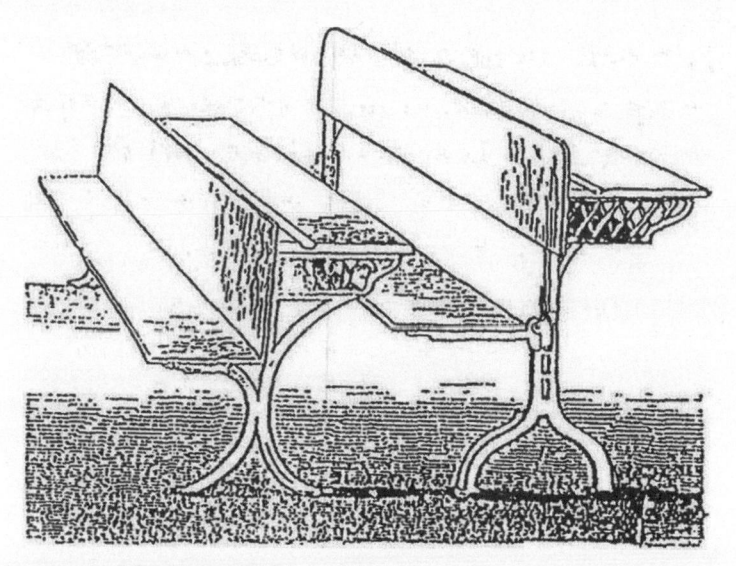

Imagem 1 – Mesa-banco americana (Illinois), 1867

Fonte: Imagem extraída de Aimé Riant, *Hygiène scolaire:* influence de l'école sur la santé des enfants (Paris: Librairie Hachette & Cie., 1874).

---

11 Peyranne, op. cit., p.132.
12 Ibid.

De acordo com Peyranne,[13] a mesa-banco americana, de Illinois, teria sido a primeira carteira de altura variável. Na mesma exposição, houve a exibição de modelos de carteira fabricados na Noruega e na Inglaterra. Porém, nenhuma observação foi feita sobre o mobiliário francês. Peyranne[14] situa aí o nascimento de um novo comércio, quando os modelos americanos são comprados, depois do fim da exposição, pela empresa francesa Hachette et Cie.

Os antigos bancos sem encosto e as longas mesas de madeira, que compunham o mobiliário de muitas escolas até então, passaram a ser, em comparação com o mobiliário moderno das Exposições, considerados impróprios à saúde física dos alunos e à organização do trabalho escolar.

Se, em 1867, nenhuma empresa francesa obteve qualquer destaque na produção de carteira, em 1873, na Exposição Universal de Viena, os modelos franceses chamam mais a atenção do público. Em duas salas de exposição da seção francesa havia 47 espécies de bancos. Se, em 1867, houve o nascimento do comércio internacional do mobiliário escolar com o predomínio americano, em 1873, registrou-se o nascimento da concorrência não só quanto às propostas e aos conceitos de carteira escolar, mas também de mercado consumidor.

Ferdinand Buisson[15] associa a "rivalidade que se exprime no domínio do mobiliário escolar" à expressiva participação da França, nesse comércio, a partir de então. Ainda assim, o destaque continua sendo para os produtos americanos, que "[...] adquiriram, à época, uma reputação inigualável pela elegância e solidez".[16]

Na Exposição de 1873, foram lançados dois modelos de carteira, de fabricantes americanos, cujos designs se tornariam o padrão para a carteira americana. Tratava-se da Carteira Triumph, da empresa A. H. Andrews & Co. e da Carteira Sistema Stevens, da empresa de Joseph L. Ross. A primeira, com sede em Chicago; a segunda, em Boston.

---

13  Ibid.
14  Ibid.
15  Buisson, op. cit., p.91.
16  Peyranne, op. cit., p.138.

Imagem 2 – Carteira Sistema Andrew e Carteira Sistema Stevens

Fonte: Josette Peyranne, *Le mobilier scolaire du XIX^e siècle a nos jours:* Contribution a l'étude des pratiques corporelles et de la pédagogie à travers l'évolution du mobilier scolaire (Lille: Atelier national de reproduction des thèses, 2001), p.138.

Observa-se que a Carteira Andrew, de Chicago, possuía uma base de ferro, com a mesa integrada ao banco do aluno sentado à frente dele. Era equipada com um tinteiro e uma gaveta para livros fechada por uma grade. Esta foi, provavelmente, a primeira carteira escolar com assento dobrável. O modelo do sistema Stevens é semelhante ao do sistema Andrew, já sinalizando a emergência de um padrão de construção das carteiras americanas.

Segundo Peyranne,[17] os americanos ganharam duas distinções: o diploma de mérito concedido ao mobiliário da Escola Superior e da Escola Normal de Boston; e uma medalha de mérito atribuída a Joseph Ross, de Boston, por sua coleção de carteira. A medalha de mérito, de acordo com Schoroeder-Gudehus e Rasmussen, "recompensa a qualidade e o acabamento do trabalho, a importância da produção, a abertura de novos mercados, o emprego de ferramentas e de máquinas avançadas ou o bom preço dos produtos [...]".[18]

---

17  Ibid.
18  Schoroeder-Gudehus; Rasmussen, op. cit., p.88.

Esse design-padrão americano foi apropriado por empresas no Brasil, como a Eduardo Waller & Comp., no modelo da Carteira Brazil e na Carteira Paulista, da empresa Mellone.

Imagem 3 – Carteira Brazil e Carteira Paulista

Fonte: Carteira Brazil (CRE Mario Covas) e Carteira Paulista (Centro de Memória da FEUSP).

A Casa Montepio Antiguidades, na Argentina, também comercializa antigas carteiras escolares de ferro e madeira, com assento dobrável e integrado, indicando que esse tipo de modelo tenha circulado no país.

Processo semelhante ocorreu com a Carteira Chandler, cujo modelo foi apropriado por diferentes indústrias em diferentes países. As adaptações foram facilitadas pela ampliação da circulação dos objetos, mas sobretudo pelo contato com os modelos nas Exposições Universais e nos catálogos.

Não é conveniente, nos limites deste capítulo, fazer uma análise mais aprofundada dos catálogos de mobiliário escolar. Todavia, é preciso salientar que eles se constituíram em importantes ferramentas de propaganda e divulgação das mercadorias das empresas, tanto em suas cidades-sede como em outras regiões do mundo, de modo que eles são uma das fontes que evidenciam a transnacionalização da indústria escolar.

Imagem 4 – Carteira de madeira e ferro, Argentina
Fonte: Casa Montepio Antiguidades.[19]

Para se ter uma ideia dos catálogos em circulação nas exposições e nas instituições de ensino, pode-se ressaltar as empresas que alcançaram relevo na comercialização de seus produtos. Na França, destacaram-se as empresas Emile Deyrolle, Delagrave, Lenoir e Garcet & Nisius.

---

19 Montepio Antegüedades, disponível em: https://www.casamontepio.com. ar/index.php?id_product=3541&rewrite=&controller=product. Acesso em: 17 mar. 2024.

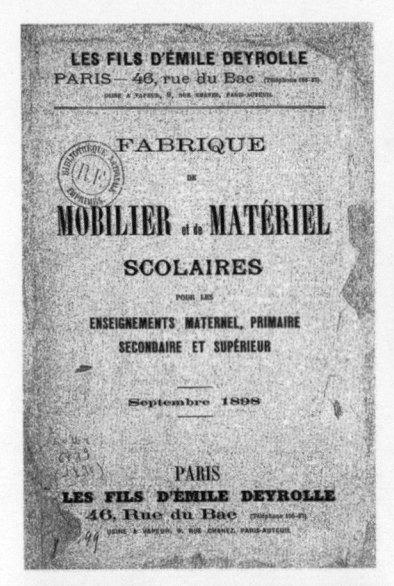
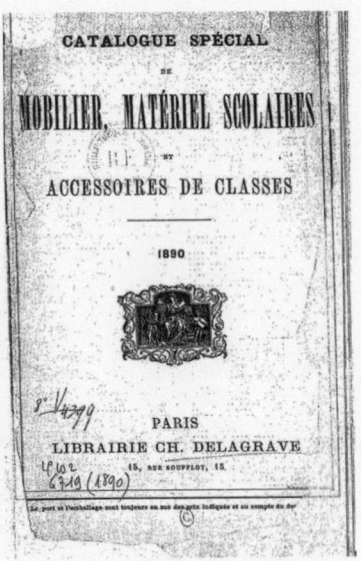

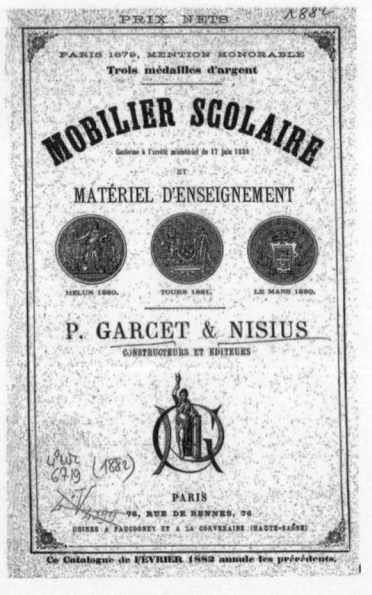

Nos Estados Unidos, destacaram-se as seguintes empresas:

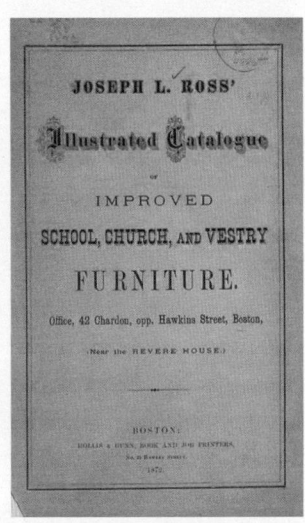

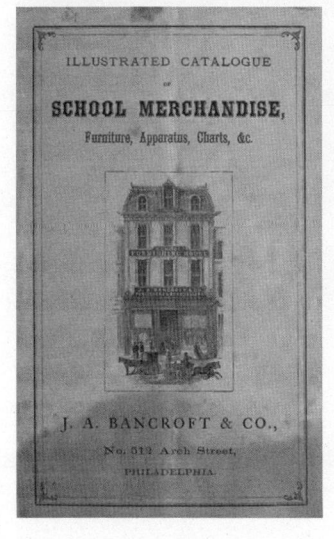

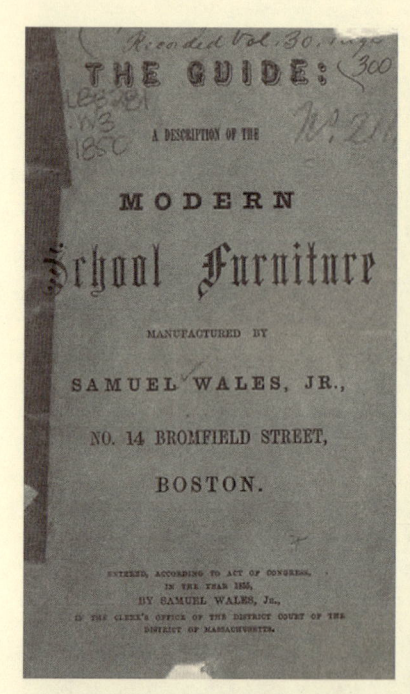

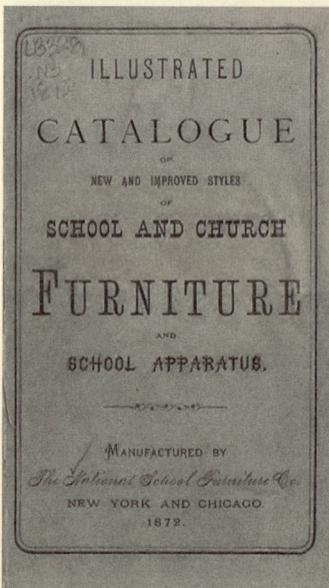

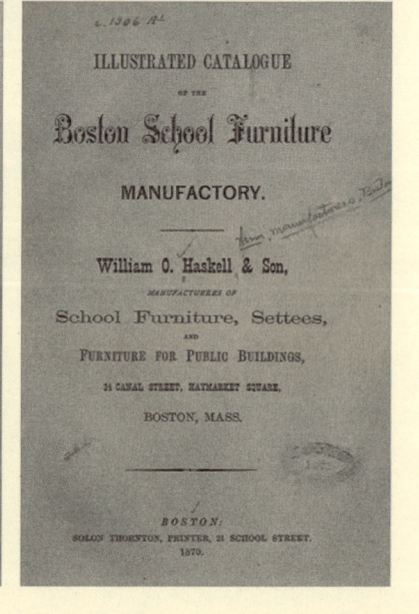

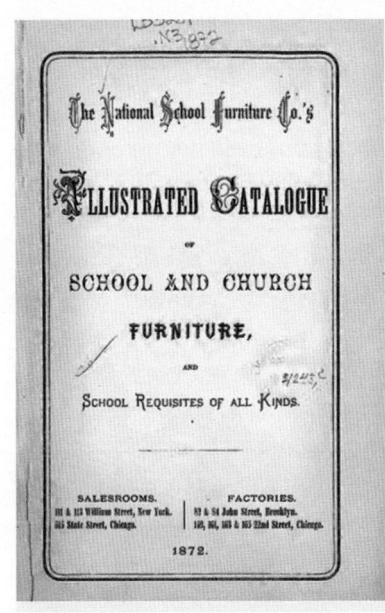

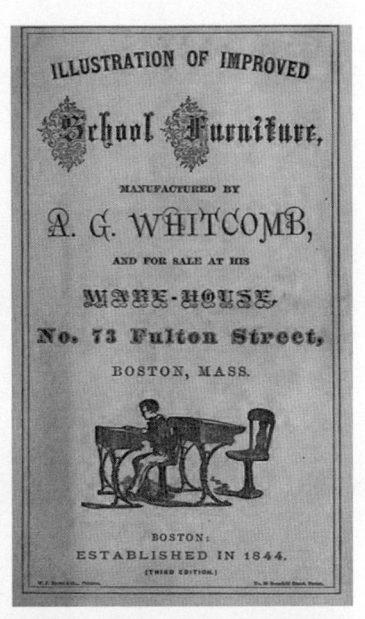

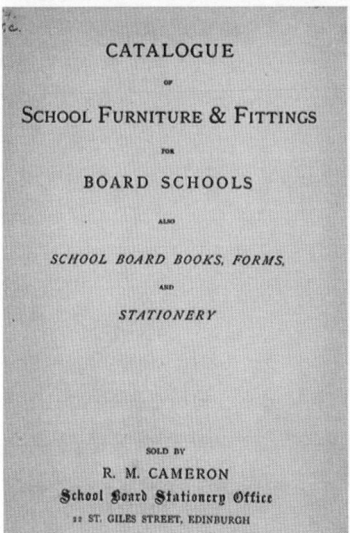

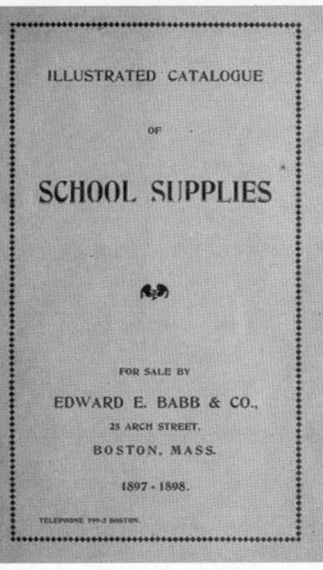

Esses catálogos circulavam não apenas nas exposições universais, mas em instituições de ensino. O detalhamento do design dos produtos, com fins de propaganda, gerava um efeito colateral não desejável: a facilitação da reprodução dos modelos. Com isso, a transnacionalização da indústria de carteira escolar acirrou não apenas a concorrência e a disputa pela conquista do mercado, mas impulsionou a discussão quanto às patentes de carteira escolar e até de partes dela.

A questão das patentes evidencia diversas problemáticas no âmbito da transnacionalização da indústria de carteira escolar, referentes a questões jurídicas, econômico-comerciais, tecnológicas, científicas e pedagógicas, dentre outras.

No que concerne à questão jurídica, a proteção dos direitos de propriedade intelectual teve início no século XIX, com as convenções de Paris (1883 – Propriedade Industrial) e de Berna (1886 – Obras Literárias e Artísticas), ambas com fins preponderantemente jurídicos.[20] Das invenções dependiam não só "a expansão industrial e tecnológica",[21] mas também o domínio de um setor do mercado por um país ou uma empresa. "O aumento da proteção do direito de propriedade intelectual e a certeza da proteção ensejaram o incremento do poder do mercado e o desenvolvimento do comércio internacional".[22]

No fim do século XIX, a expressão "propriedade industrial" designaria

> [...] os direitos privados para defesa da indústria e do comércio, como os direitos de patentes, de desenhos e modelos de fábrica ou ornamentais, desenhos e modelos de utilidade e marcas, defesa contra a concorrência desleal e contra as falsas indicações de proveniência dos produtos e outras regras afins.[23]

---

20  Basso, *O direito internacional da propriedade intelectual.*
21  Ibid., p.23.
22  Ibid., p.26.
23  Ibid., p.69.

A descrição, muitas vezes minuciosa, das carteiras, de sua fabricação e de peças nas exposições e catálogos servia como poderosa ferramenta de propaganda, mas gerava como efeitos colaterais a possibilidade e a realidade do plágio, da cópia dos modelos por marceneiros e outras empresas, de pequeno porte ou não. Poderiam os visitantes das exposições ou aqueles que tivessem acesso aos catálogos, como por exemplo educadores de diversos países, de posse dos desenhos das carteiras, reproduzi-las, lançando mão de uma opção local mais barata e com menor custo de frete. Via de regra, essa opção atiçava os marceneiros, que também se proliferavam com a expansão das cidades nas últimas décadas do século XIX e início do XX. Nesse caso, a transnacionalização da indústria de carteira escolar fomentava, também, a produção artesanal.

Não é por acaso que muitas indústrias e fábricas de mobiliário escolar tinham patentes de suas carteiras e não hesitavam em mencionar nos catálogos as punições e processos nos quais incorreriam aqueles que copiassem os modelos. Com isso, o público era advertido quanto às penalidades legais decorrentes da reprodução indevida:

> O público está prevenido contra as produções ou as compras de qualquer mobiliário escolar com o tampo da carteira virado contra o encosto do banco, então formando o assento, presente em outras que não a *Perad's*, bem como contra todas as demais infrações em suas patentes; e aqueles que venderam ou compraram serão processados de acordo com as penas da lei.[24]

Outra forma de abrir novos mercados nos países mais distantes era oferecer carteiras com custo mais baixo, mantendo algumas características do mobiliário mais sofisticado, porém com material inferior. É o caso da The Economic Desk, produto da The National

---

24 The National School Furniture Co., Illustrated Catalogue of New and Improved Styles of School and Church Furniture and School Apparatus, p.7.

School Furniture Co., para aqueles que desejassem "um estilo barato e ainda substancial de mobiliário",[25] conforme se lê no catálogo.

O assento dessa carteira era feito de ripas, curvado, dobrável, com a mesma articulação conjunta e silenciosa das melhores mesas. "Nós fornecemos esta carteira a um preço 20% menor que a de nossos estilos regulares e um preço muito abaixo de qualquer outra carteira fabricada".[26] Na pretensão dos fabricantes, era um modelo para desafiar e dispensar qualquer competidor.

A questão da propriedade industrial estava de tal modo vinculada às exposições universais que, em 1889, houve, no âmbito da Exposição Universal de Paris, o Congresso Internacional da Propriedade Industrial, na mesma cidade, sob a direção do Ministério do Comércio, da Indústria e das Colônias francês.

A patente é um privilégio de invenção cuja concessão tem como um dos requisitos a industriabilidade. "A invenção deve ser suscetível de exploração industrial. Deve ter utilidade".[27] Em outras palavras, "a industriabilidade é a qualidade da invenção de permitir uma aplicação industrial, isto é, de ser utilizada em um ramo qualquer de produção".[28]

Esse "diploma oficial que assegura o monopólio da exploração do invento"[29] é de suma relevância para a indústria e para o inventor.

A patente confere ao seu titular o direito de impedir terceiro, sem seu consentimento, de produzir, usar, pôr à venda, vender ou importar com estes propósitos: I – produto objeto de patente; II – processo ou produto obtido diretamente por processo patenteado.[30]

Pode-se imaginar a importância desse instituto no contexto das exposições universais e da expansão da escola de massa no mundo

---

25  The National School Furniture, p.12.
26  Ibid.
27  Requião, *Curso de direito comercial*, p.366.
28  Ibid., p.367.
29  Ibid., p.360.
30  Ibid., p.373.

ocidental. A circulação dos catálogos pelo mundo fazia parte do procedimento para venda e aquisição das carteiras e outros objetos escolares em países distantes. Os catálogos eram enviados às escolas ou entregues pelos representantes e agentes comerciais, os quais intermediavam toda a operação de compra e venda.

Os catálogos eram imprescindíveis para as compras à distância. Como já afirmado, não seria difícil qualquer estado ou proprietário de escola particular contratar um marceneiro ou indústria local para reprodução dos "melhores" modelos de carteira escolar. Ainda é preciso investigar e discutir melhor os casos das reproduções autorizadas e ilegais. Menezes Vieira, por exemplo, fez a nacionalização não apenas de quadros parietais da Maison Deyrolle, conforme se lê no Capítulo 3 deste livro, como também fez a nacionalização da carteira modelo Hachete e o Vitória dos Estados Unidos.[31] Como grande produtor de mobiliário e material escolar, os Estados Unidos logo tomaram providências para solucionar o problema da reprodução não autorizada.

Em 1870, muitas indústrias de carteira escolar norte-americanas já possuíam patentes de seus produtos – patentes dos tinteiros, dos assentos dobráveis, dentre outros. Nos Estados Unidos, "em 1787, sua Constituição assegurou o direito dos inventos como um estímulo ao desenvolvimento industrial".[32] Referência mundial no ramo, quais eram as novidades produzidas pelas indústrias americanas de mobiliário escolar?

A empresa Geo & C. W. Sherwood, em seu catálogo de 1864, destacava um elemento patenteado da Pupils' Desk. Conforme seu catálogo, "esta carteira é bem acabada, geralmente feita de cerejeira, produzida com nosso tinteiro patenteado, parafusos de fixação, tudo completo".[33]

---

31  Bastos, *Pro Patria Laboremus:* Joaquim José de Menezes Vieira (1848-1897).
32  Requião, op. cit., p.361.
33  Sherwood; C. W., *A Descriptive and Illustrated Catalogue of School Furniture*, p.8.

Joseph L. Ross era outro importante negociante americano do ramo de carteiras. Ele também obteve a patente de um tinteiro, e assegurava: "O melhor em uso! Superior a qualquer tinteiro usado até então, e possui todos os méritos atribuídos a ele".[34]

A Casa de Mobiliário Escolar J. A. Bancroft & Co., de igual modo, arrogava para si o melhor tinteiro patenteado – o "Andrew's New Patent Ink Well". Como se lê no catálogo, "o novo e melhor tinteiro que não só combina as excelências e as soluções dos defeitos daqueles atualmente em uso, mas que também adiciona vários recursos novos e importantes, nunca antes vistos".[35] Além do tinteiro, havia duas carteiras patenteadas, como Soper's Patent School Desk e Andrews' Patent Graduated Desk. Nota-se que a patente agregava tanto valor ao produto, que passava até a compor o nome do mesmo.

Algumas empresas americanas produziam mobiliário tanto para a escola como para igrejas. É o caso da J. C. Brooke Manufacturers. Sua principal carteira era a New Excelsior Desk, feita em seis tamanhos. Nesse modelo, "a dobradiça do assento é com certeza a melhor no mercado, patenteada em 8 de abril de 1879. Ela funciona perfeitamente, de forma suave e sem fazer barulho".[36]

A Union School Furniture Company, na propaganda de sua Carteira Automatic, também destacava a dobradiça, assegurando que era uma carteira notável, pois

[...] embora no mercado há relativamente pouco tempo, ela já foi adotada por muitas das principais escolas do país, e já conquistou seu caminho em estados distantes e em outros países. Ela cria entusiasmo sempre que apresentada, não só porque é nova, mas porque é tão obviamente superior, em princípio e em construção, do

---

34 Ross, *Illustrated Catalogue of Improved School, Church, and Vestry Furniture*.
35 Bancroft & Co., *Descriptive and Illustrated Catalogue of School Furniture, Apparatus, Globes, Maps & C*, p.17.
36 Brooke, *Church, School & Hall Furniture*, p.8.

que qualquer outro banco. Desde que os assentos rebatíveis foram inventados, o problema tem sido o de melhorar a dobradiça.[37]

A Union School Furniture Company prometia ter resolvido o problema, de que seria prova sua patente da dobradiça do assento. Segundo a empresa, as insatisfações permaneciam quanto aos assentos das carteiras de outros fabricantes, embora prometessem "vários dispositivos a fim de tornar a articulação mais forte, menos suscetível ao desgaste e menos ruidosa".[38] Na Automatic, conforme a propaganda do catálogo, "toda dificuldade é afastada [...]. Não há mais fraqueza, flacidez, movimento desajeitado e ruído. Há, em vez disso, resistência, durabilidade, um movimento natural, fácil, e nenhum ruído".[39]

O catálogo dessa empresa é de 1889, mas nele não é possível identificar de que ano é a patente da dobradiça tão aclamada. O emprego da dobradiça parece ter sido uma atrativa inovação técnica que tornava a carteira com assento dobrável diferenciada. Em 1872, The National School Furniture Co. também obteve a patente de seus assentos dobráveis. Essa informação encontrava-se em uma nota inicial de advertência ao público quanto a

certos vendedores inescrupulosos de móveis comuns que estão se esforçando para impressionar a comunidade com a ideia de que eles controlam todas as combinações de elevação do assento. Advertimos o público contra essa fraude audaciosa e insistimos nas vantagens de nossos assentos integrados.[40]

Do excerto acima se depreende que o industrial, ao explicitar que seu produto, ou parte dele, era patenteado, tinha em vista não

---

37 Union School Furniture Company, *Descriptive Catalogue of School Furniture and Supplies*, p.4.
38 Ibid.
39 Ibid.
40 The National School Furniture Co, *Illustrated Catalogue of New and Improved Styles of School and Church Furniture and School Apparatus*, p.12.

somente sua proteção. A patente era um elemento de vantagem na corrida pela garantia e pela conquista de mercado. Os Estados Unidos estavam tão à frente na produção industrial do mobiliário escolar que, ainda em 2 de fevereiro de 1869, foi patenteada a Peard's Desk. John Peard era o titular da patente da carteira dobrável e também o supervisor do departamento de produção da The National School Furniture Co. A Sterling School Furniture Co. possuía uma dobradiça patenteada na Carteira The Peerless.[41]

O grande adversário das carteiras dobráveis era o tempo, que as deixava barulhentas e desconfortáveis. A Peard's Desk foi, na descrição do catálogo, "construída para ser facilmente apertada ao longo do tempo".[42] Na visão do fabricante, "é absolutamente a única dobradiça silenciosa do mercado, e continuará a ser assim".[43]

Diversas patentes podiam ir se justapondo em um mesmo produto, pois a novidade poderia estar em suas engrenagens e partes. No caso da Peard's Desk, em 20 de fevereiro de 1872, foi patenteado seu assento integrado. Apesar de a patente já implicar a proibição a terceiros de "produzir, usar, pôr à venda, vender ou importar com esses propósitos produto objeto de patente",[44] em seus catálogos muitos industriais reforçam as punições a que estariam sujeitos aqueles que assim procedessem.

Essa empresa patenteara outra carteira em 23 de maio de 1871, The Study Desk. Sua armação tinha a finalidade de evitar a "encurvatura dos ombros e compressão do tórax".[45] Isso porque as questões ergonômicas e higiênicas não eram alvo somente das preocupações de educadores, médicos e higienistas. O discurso sobre o corpo do cidadão também era utilizado como meio de propaganda das carteiras – um produto que não gerava deformidades no corpo da criança.

---

41  Sterling School Furniture Co., *Price List of School, Church, Court House, and Office Furniture*, p.4.
42  Union School Furniture Company, op. cit., p.4.
43  Ibid.
44  Ibid., p.7.
45  Ibid., p.11.

## Comentários finais

Analisar a expansão da escola moderna, sob a perspectiva da história econômica, permite captar contornos e peculiaridades da emergência, expansão e transnacionalização da indústria escolar. Por isso, neste capítulo abordamos, em primeiro lugar, a produção artesanal do mobiliário escolar. Em seguida, a produção industrial do mobiliário escolar, dando destaque à transnacionalização dessa indústria. Já o caso da indústria local e nacional será discutido no próximo capítulo.

# 6
## INDÚSTRIA ESCOLAR LOCAL: EDUARDO WALLER & COMP.

O objetivo deste capítulo é tratar da emergência da indústria de mobiliário escolar nacional no século XIX. Nesse sentido, o caso da empresa Eduardo Waller é exemplar. Provavelmente foi a primeira indústria de grande porte a atuar na fabricação de carteira e outros móveis escolares, segundo os ditames da higiene e da pedagogia moderna no Brasil. Perseguir o rastro das empresas ajuda a compreender um conjunto de relações econômicas implicadas no processo de expansão da escola pública, obrigatória e de massas. Por exemplo, a relação entre o público e o privado, que terá como um dos efeitos a terceirização.

A terceirização consiste na prática de transferir a um terceiro, detentor de um conhecimento especializado, de uma tecnologia, por meio de contrato, a realização de determinada atividade, "objeto de execução indireta", tendo em vista os princípios da eficiência e da economicidade. Não é carregado de todos esses elementos que o termo é aqui usado quando nos referimos ao ato do poder público de contratar empresas para a fabricação ou a importação do mobiliário e do material escolar no fim do século XIX e início do XX. Tal contratação, no período estudado, tem a ver com a incipiente organização do Estado para garantir o serviço principal, a oferta da instrução gratuita e do ensino obrigatório. A política do governo paulista, sobretudo a partir da proclamação da República, foi atender a demanda das escolas por mobiliário contratando empresas privadas.

Desse modo, o capítulo está organizado em três partes. Na primeira, discorremos sobre aspectos da constituição e atuação da empresa Eduardo Waller & Comp. Na segunda, tratamos de características dos produtos fabricados e comercializados pela empresa. Na terceira, apresentamos fontes que evidenciam a aquisição dos produtos Waller por instituições de ensino paulistas.

## Eduardo Waller & Comp.: constituição e atuação

Em 1901, Bandeira Junior fez um levantamento das indústrias e fábricas existentes em São Paulo no fim do século XIX e início do século XX. Dentre elas, estava a Fábrica de Móveis Escolares Eduardo Waller & Comp. Ele informava:

> No gênero de construcção de mesas, cadeiras, bancos e quadros para demonstrações, é esta *a mais importante que existe no estado*. Fundada em 1895, á rua da Consolação n.178, por Eduardo Waller & Comp., não só forneceu o material do seu fabrico ás escholas publicas e particulares do estado, como a algumas da capital federal, Minas Geraes, Bahia e outros pontos do norte da República.
>
> Tudo quanto é concernente a mobílias, accessorios e ornamentos de casas de ensino é ali *fabricado com materiaes nacionaes*, sobresahindo nelles a segurança e a perfeição; por modelos e systemas quasi todos privilegiados por cartas patentes, taes como:
>
> As carteiras hygienicas, privilegiadas pelo governo federal com a patente n.2012 de 12 de fevereiro de 1896.
>
> Carteiras: – Adjustable – Brazil-Paulista e as Hygienicas – que se elevam ou descem conforme a altura do alumno.
>
> Carteira com mesa e assentos, moveis para uma, duas e mais pessoas.
>
> Quadros negros – Hyloplate – imitando a ardosia natural.

Cadeiras e escrivaninhas para professores; para salas de conferencias, com mesa ao lado para notas.

Cadeiras com assento que automaticamente se fecham, no gênero das que fabricou para o teatro Sant'Anna, desta cidade.

Todas essas mobílias são de *madeira e ferro nacional*, sendo também nacionaes os tinteiros das mesas e carteiras.

Todos os moveis podem ser armados com a maxima presteza, assim também pode-se substituir qualquer peça inutilisada.

Não se pode determinar o limite do fabrico, porque sendo considerável o stock de materiaes, trabalhando a fabrica com *maquinas a vapor*, attende a qualquer encommenda, por mais considerável.[1]

Considerando o embrionário desenvolvimento do comércio, da manufatura e das indústrias no fim do século XIX, para atender a demanda do Estado, que fazia solicitações em grande quantidade e pouco planejadas, uma fábrica deveria ter um significativo potencial de produção. Fundada em 1895, na cidade de São Paulo, a Eduardo Waller logo deixou de ser uma indústria local e se tornou uma indústria nacional que expandiu seus negócios e fez seus produtos chegarem a outros estados, como Rio de Janeiro, Minas Gerais e Bahia, conforme se lê na citação anterior.

Quanto à produção, a fábrica Waller utilizava a mesma técnica produtiva europeia, isto é, a máquina a vapor, que favorecia uma produção em larga escala e em curto espaço de tempo. Assim, poderia atender "a qualquer encommenda, por mais considerável". Para distribuição nas escolas, inclusive do interior do estado, não haveria maiores dificuldades, pois os móveis "podem ser armados com a máxima presteza".

Além de Bandeira Junior,[2] João Gualberto de Oliveira, secretário-geral do Centro Cultural Brasil-Suécia, advogado, escritor e jornalista, apresenta outros dados que detalham a atuação de Eduardo Waller no Brasil e de sua empresa. Em 1952, João Gualberto es-

---

1 Bandeira Jr., *A indústria no estado de São Paulo em 1901*, p.31-2, grifos nossos.
2 Ibid.

creveu o livro *Suecos no Brasil*. Dentre os biografados da obra está Eduardo Waller. Antes de narrar a história de "estimados vultos nórdicos",[3] o autor faz um "Panorama da Suécia", explicando, dentre outros pontos, a questão econômica daquele país. Ele apresenta os suecos como povo especializado com o manejo da madeira. Segundo ele, "grande parte da indústria sueca baseia-se nas matérias-primas extraídas de seus ricos e seculares bosques. A produção de madeiras de diferentes qualidades, de pasta, celulose e papel alcança normalmente 25% da indústria do país".

Trabalhar com madeira também era uma das especialidades de Eduardo Waller. Segundo Oliveira,[4] nascido em uma região bucólica da Suécia em 1860, depois do curso primário, Eduardo Waller foi estudar no Seminário de Nääs. Nessa escola, "ensinavam-se desenho linear e geométrico, lavragem de madeira bruta para a feitura de móveis, construções racionalizadas de móveis domésticos, além de tapetes e outros trabalhos manuais".[5] Ele concluiu o "artesanato, curso que os suecos chamam de *slöjd*, e que inclui os mais variados trabalhos manuais".[6] Assim, tornou-se proprietário de uma carpintaria. Foi para desenvolver essa profissão que ele veio para o Brasil.

Conforme Oliveira,[7] "Waller recebeu o convite de um brasileiro, um paulista chamado Inácio de Mendonça Uchoa. Viajando pela Escandinávia, o brasileiro conheceu os móveis de Eduardo Waller e o contratou como mestre para sua grande serraria na capital da província" – a Serraria e Fábrica de Móveis São José.

Oliveira[8] afirma ainda que, apesar do sucesso no trabalho, o sueco tinha aborrecimentos e prejuízos por causa do nome, por ser comprido e difícil para os brasileiros. Por isso, com permissão do governo da Suécia, que "resolvera permitir a seus filhos a livre adoção

---

3 Oliveira, *Suecos no Brasil*, p.12.
4 Ibid.
5 Ibid., p.104-5.
6 Ibid.
7 Ibid.
8 Ibid.

de nome diferente, mais claro, mais fácil de distinguir, em lugar dos vulgaríssimos Gustavson, Abrahamson, Anderson etc.",[9] o carpinteiro mudou seu nome. Ele se chamava Andreas Edvard Petterson. "Eduardo eliminou o Andreas, aportuguesou o Edvard e escolheu o sobrenome Waller. Daí por diante ficou sendo, e para sempre, Eduardo Waller. Foi sob esse nome que São Paulo o conheceu, estimou e admirou".[10]

Ele chegou ao Brasil em 1888 e, em 1890, "começou sua obra como professor. Trouxe para nós a maravilha sueca que é o *slöjd*".[11] De 1890 a 1905, lecionou na Escola Americana. "Transmitiu aos jovens de São Paulo a velha técnica de lavrar madeira, isto é, de transformar o lenho bruto nos móveis que adornam e proporcionam confôrto às nossas casas."[12] As aulas para os alunos externos e internos "eram dadas na Rua Maria Antônia, numa construção de madeira, misto de salão de aula e de moradia".[13]

Nessa mesma região, na Rua da Consolação, fundou, em 1896, "pequena fábrica de moveis escolares". Por fim, João Gualberto de Oliveira informa que Eduardo Waller

era artesão por excelência, com muito engenho e muita arte [...]. Eduardo Waller, como professor, artista, técnico, foi melhorando incessantemente sua produção. Devemos a ele a criação de um tipo original de carteira escolar, a que deu o nome de "Brasil". E a "Adjustable", ajustável à altura e à conformação física do escolar. Esse material, nas diversas feiras nacionais e estrangeiras em que se expôs, foi premiado com as mais altas distinções. E com justificados motivos, pois representava grande e admirável inovação na pedagogia daquele tempo.[14]

---

9 Ibid., p.107.
10 Ibid., p.107-8.
11 Ibid., p.108.
12 Ibid.
13 Ibid.
14 Ibid.

Proprietário de uma fábrica de mobiliário escolar, Eduardo Waller desenvolveu também diversas outras atividades econômicas na promissora São Paulo. No *Almanak Administrativo, Mercantil e Industrial do Rio de Janeiro*,[15] ele aparece como médico, atuando na Rua da Consolação, n.178. Não consta apenas que Eduardo Waller é médico, mas que essa atividade é desenvolvida por Eduardo Waller & Comp. Na Exposição Nacional de 1908, o *Almanak Administrativo, Mercantil e Industrial do Rio de Janeiro*[16] o noticia como participante do décimo primeiro grupo, móveis comuns e de luxo, bilhares. Juntamente com o Lyceu de Artes e Officios, recebeu "Grandes Prêmios".[17]

Considerando o importante papel que os médicos desempenharam na discussão da higiene urbana e corporal no fim do século XIX, não é de se estranhar que um médico tivesse conhecimento sobre padrões higiênicos para fabricação de carteiras e móveis, o que favoreceu a invenção de um mobiliário. Além de médico e negociante de móveis, Eduardo Waller também era vice-cônsul da Suécia em São Paulo, atendendo na Rua Maranhão, n.1. Essa atividade, todavia, aparece só posteriormente em 1917[18] e consta até 1923.[19] Uma das funções de cônsul de Waller era promover o comércio entre seu estado de origem e o lugar onde residia.

Citando Vanessa Bivar, Carina Pedro esclarece que

[...] um dos objetivos dos cônsules e agentes consulares era informar seu país sobre as oportunidades de crescimento do comércio nas cidades onde estavam instalados [...] essa comunicação era feita por relatórios e cartas destinados ao Ministério dos Negócios Estrangeiros na França.[20]

---

15 *Almanak Administrativo, Mercantil e Industrial do Rio de Janeiro*, p.1519.
16 Ibid., p.2374.
17 Ibid.
18 Ibid., p.4401.
19 Ibid., p.681.
20 Pedro, *Casas importadoras de Santos e seus agentes:* comércio e cultura material (1870-1900), p.37.

Se o cônsul era um conhecedor das boas oportunidades de comércio, a opção de Eduardo Waller em se dedicar ao comércio de mobiliário escolar significa que este era um negócio rentável no período, sobretudo em um estado em expansão urbana e populacional como São Paulo.

Proprietário de uma fábrica de porte considerável para o período, a intimidade com o comércio não faltava a esse homem de negócios. Não tendo localizado o Registro do Comércio dessa Companhia nem na Junta Comercial do Estado de São Paulo (Jucesp) nem na Junta Comercial do Rio de Janeiro, não foi possível identificar os sócios e o capital social da empresa. Entretanto, outras informações podem ser obtidas, a partir do nome empresarial ou comercial. A Eduardo Waller & Comp. foi constituída sob a forma de firma social, e não de denominação.

Enquanto a denominação forma-se por um nome fantasia, a firma ou razão social é formada pelo nome de um dos sócios, alguns deles ou de todos eles. Na ausência do nome de um dos sócios é acrescida a expressão "& Companhia", ou abreviadamente, "& Cia.". Cabem, ainda, expressões similares como "& Filhos", "& Irmãos". O nome da sociedade está intimamente relacionado com o tipo ou a forma social. Funcionando sob firma, a Eduardo Waller & Comp. poderia ser uma sociedade em nome coletivo ou uma sociedade em comandita simples.

Na primeira hipótese, todos os sócios deveriam ser pessoas físicas que respondessem solidária e ilimitadamente pelas obrigações sociais. Na segunda, há dois tipos de sócios, os comanditados e os comanditários. Os primeiros deveriam ser pessoas físicas que responderiam solidária e ilimitadamente pelas obrigações da sociedade; os comanditários poderiam ser pessoas físicas ou jurídicas com a responsabilidade da integralização do capital social que subscreveram. É mais provável que a Fábrica de Móveis Escolares fosse uma sociedade em nome coletivo. Todavia, como não aparecem na firma ou razão social, a dificuldade de identificar os demais sócios persiste.

Apesar disso, foi possível localizar outras informações sobre os produtos fabricados e comercializados pela empresa.

## Eduardo Waller & Comp.: produtos e patentes

A empresa Eduardo Waller fabricou uma diversidade de modelos de carteiras escolares e obteve a proteção de invento industrial, a patente, de pelo menos um deles. De uma empresa local, logo se tornou uma empresa nacional. A empresa fabricava carteira com mesa e assentos, móveis para uma, duas e mais pessoas. Todavia, os modelos que mais ficaram conhecidos foram os das carteiras ajustáveis Brazil e Paulista, além da Carteira Hygienica, modelo patenteado em 1896.

Um modelo da carteira da empresa Eduardo Waller & Comp. pode ser visto no site do Centro de Referência em Educação Mario Covas, onde também se lê:

> Móvel escolar fabricado na cidade de São Paulo, por Eduardo Waller & C., estabelecido em 1896 à Rua Maria Antonia, próximo à Escola Americana (atual Universidade Mackenzie), onde Eduardo Waller era professor de trabalhos manuais. Até pelo menos 1911, Brasil se grafava com Z, daí tal inscrição na carteira, cuja data podemos afirmar que é anterior a essa época. Madeira e ferro fundido, Ed. Waller & C., 1900.[21]

Imagem 1 – Carteira Brazil/ CRE Mario Covas
Fonte: CRE Mario Covas.

---

21  Disponível em: http://www.crmariocovas.sp.gov.br/obj_a.php?t=0o1. Acesso em: 5 fev. 2022.

A mesma carteira pode ser localizada no Centro de Memória da Faculdade de Educação da Universidade de São Paulo.

Imagem 2 – Carteira Brazil/ CMFEUSP

Fonte: Centro de Memória da Faculdade de Educação da Universidade de São Paulo.

A observação das imagens corrobora com a descrição de Bandeira Junior quando informa que as mobílias eram feitas de madeira e ferro (nacional) e que as mesas e carteiras tinham tinteiros. Além dessas características, a carteira Brazil deveria ser parafusada ao chão. Isso pode ser visualizado na imagem por reprodução fotográfica do Centro de Memória. No caso da imagem do CRE Mario Covas, a peça de madeira que permitiria parafusar a carteira ao chão está ausente. É curioso observar que a peça era fabricada por um imigrante sueco, nomeada de carteira Brazil, e apresentava o modelo-padrão das carteiras americanas de madeira e ferro fundido.[22]

E. Waller & Comp. não somente fabricava, mas criava seus próprios modelos de carteira, tendo obtido patente de duas delas. Se a empresa não era da propriedade de brasileiros e comercializava com

---

22 Alcântara, A difusão mundial da carteira escolar: Brasil e Estados Unidos da América no âmbito de uma história transnacional (final do século XIX). In: Vidal (org.), *Sujeitos e artefatos*: territórios de uma história transnacional da Educação, v.1, p.131-60.

o poder público e para escolas brasileiras, era importante enfatizar que seus produtos eram fabricados "com materiais nacionaes", "todas essas mobílias são de madeira e ferro nacional, sendo também nacionaes os tinteiros das mesas e carteiras". Além disso, detinha a última tecnologia no ramo – a máquina a vapor, o que garantia rapidez, maior produção em menor tempo, produção em massa para atender "a qualquer encomenda, por mais considerável".

Dentre as carteiras fabricadas por essa indústria, a mais conhecida e popularizada foi a Carteira Brazil. Todavia, em 10 de fevereiro de 1896, o industrial solicitou patente a favor de outro produto, a Carteira Escholar Hygienica. O móvel foi registrado sob o número 2.894 e patente 2.012. Invenção do médico Eduardo Waller, tratava-se de um "Systema aperfeiçoado de Carteira e Cadeira Escholares".

Conforme o memorial descritivo da solicitação de patente, "consiste a invenção em uma nova disposição de carteira escholar e competente cadeira, que denominei 'Carteira (e cadeira) Escholar Hygienica',[23] sendo essas duas peças combinadas para permittir eleval-as ou abaixal-as conforme a altura dos alumnos que as devem occupar".

No início do memorial descritivo, Eduardo Waller já evidenciava que o móvel por ele aperfeiçoado podia ser adaptado aos alunos de diferentes estaturas. Na figura a seguir, vê-se que "a carteira é constituída por uma caixa A (figuras 1 e 2) sustentada por dous pés lateraes 1 e 2 formando pedestaes e fixadaos ao chão"[24] (figuras 1 e 3).

A caixa é "construída preferencialmente de madeira nacional" e as laterais são de ferro fundido e fixadas no chão. O uso de parafuso e dobradiça permite "ajustar o pedestal no comprimento proprio a susténtar a carteira em altura conveniente para o alumno".[25]

---

23 Arquivo Nacional, Privilégios Industriais/Notação: PI 1624. Memorial Descritivo.
24 Ibid.
25 Ibid.

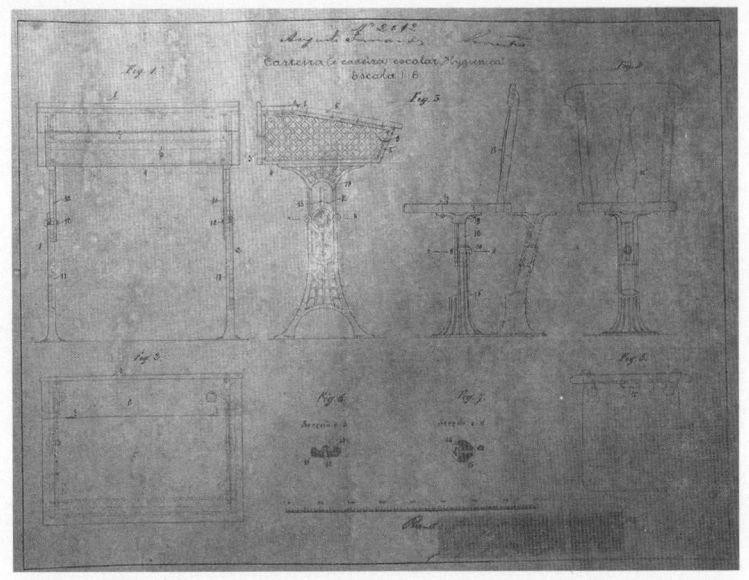

Imagem 3 – Desenho técnico da Carteira Escolar Hygienica

Fonte: Desenho técnico anexo ao Memorial Descritivo. Arquivo Nacional, Privilégios Industriais/Notação: PI 1624.

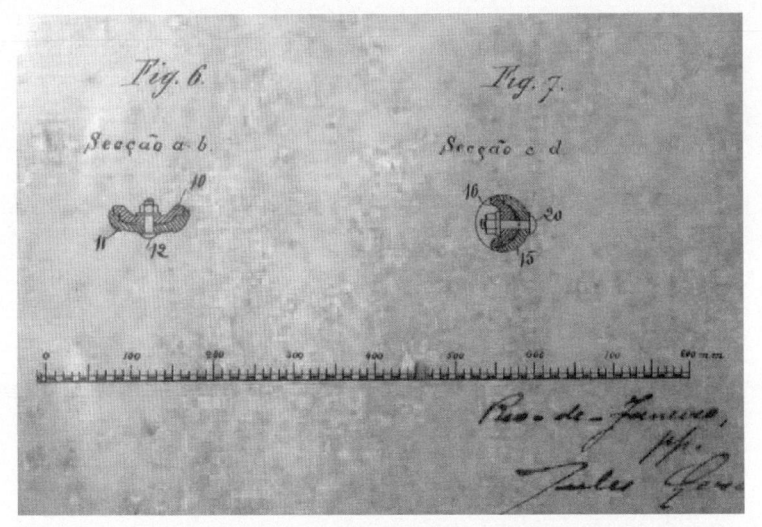

Imagem 4 – Sistema de parafuso e dobradiça da Carteira Escolar Hygienica

Fonte: Arquivo Nacional, Privilégios Industriais/Notação: PI 1624.

Aqui, visualiza-se a importância do parafuso. Ele compunha o funcionamento das dobradiças e dos mecanismos que conferiam não somente movimento ao objeto, como também a gradação da altura para adaptação do móvel à altura do aluno. O parafuso e as dobradiças foram invenções técnicas fundamentais para a concretização desse preceito higiênico. O parafuso era item de destaque por parte dos industriais em muitos catálogos de mobiliário escolar.[26] Isso porque ele permitia a montagem e a desmontagem dos móveis, facilitando o transporte e valor do frete, bem como a adaptação da mesma carteira/cadeira aos alunos de diferentes alturas.

O componente conferia também a praticidade da carteira para aquele que quisesse adquiri-la, pois "todas as partes da carteira são unidas com simples parafusos, [...] de modo que, não existindo na carteira partes colladas, póde ser ella toda desmontada para o transporte, e armada de novo por qualquer trabalhador".[27]

No caso dessa carteira, pretendia ser higiênica não só em relação ao corpo do aluno, mas também quanto à organização da sala de aula: "As tampas das carteiras podem ser feitas de modo a poderem correr para a frente, permittindo assim regular á vontade o espaço entre as cadeiras e as tampas ou mezas das carteiras".[28]

A carteira era fabricada em três modelos, sendo eles suficientes para ajustar-se a qualquer altura do aluno.

Pelo emprego das carteiras e cadeiras de minha invenção, a composição da mobília escolar acha-se muito simplificada e aproveitada, pois que basta adoptar os três modelos differentes sómente nos tamanhos conforme os quaes construo esses moveis, para suprir com grandes vantagens os bancos-carteiras actualmente empregados e construídos de quatorze tamanhos para corresponderem ás diversas alturas dos alunos.[29]

---

26  Alcântara, op. cit..
27  Arquivo Nacional, op. cit.
28  Ibid.
29  Ibid.

Isso era uma grande vantagem diante de outros tipos de carteira adaptável à altura do aluno, as quais possuíam um modelo para cada altura de aluno.

Em resumo, reivindico como pontos e caracteres constitutivo da invenção:

Em um "Systema aperfeiçoado de carteira e cadeira escholares denominada Hygienica":

1º) Uma carteira e sua cadeira supportadas separadamente por pedestaes extensíveis fixados ao chão, com o fim de poder á vontade regular a altura d'essas duas peças, acima do chão conforme as conveniências;

2º) Os pedestaes da reivindicação acima, construídos cada um em duas peças unidas, por meio de um parafuso, pelas suas extremidades, apresentando largar faces de contacto côncavo-convexas corredias, e rasgo na extremidade da peça superior permittindo-lhe correr sobre a inferior para subir e descer facilmente: escalas divididas nas beiras dos rasgos dos pedestaes da carteira;

3º) A caixa da carteira formada sobre os lados constituindo as extremidades superiores dos pedestaes de ferro fundido, sendo as taboas d'essa caixa presas, exclusivamente por meio de parafusos, em asas ou nervuras existindo para esse fim sobre os ditos lados;

4º) Na caixa da carteira: a tampa fixa, ou a tampa de abrir e fechar formando meza, disposta para correr ao lado da cadeira ou frente da carteira; a taboa fechando a dita frente com prateleira, e o tinteiro de ferro nikelado de uma só peça embutida na tampa da carteira;

5º) O espaldar ou encosto convexo da cadeira dando apoio ás costas dos alumnos;

6º) O pedestal supportando a cadeira, construído com as partes corredias inclinadas, de modo que a cadeira se afaste da carteira á medida que se vae levantando;

Tudo como acima descripto e representado no desenho annexo para os fins especificados.[30]

A longa citação detalha os elementos inventivos daquela que talvez tenha sido a primeira carteira com preocupação higiênica e ergonômica no Brasil. Ela possuía altura regulável, encosto convexo para apoio às costas, partes corredias inclinadas para a cadeira se afastar à medida que o aluno fosse se levantando. Não localizamos nenhum documento com solicitação desse móvel, por parte da administração pública. Suas características (altura regulável, emprego do ferro fundido, tinteiro, curvas higiênicas no assento e encosto) fazem crer que se tratava de uma carteira com valor considerável.

## Eduardo Waller: relações com instituições de ensino

Dentre todas as indústrias de mobiliário escolar que comercializavam com a administração pública paulista, a de maior porte, pelo menos de acordo com o que as fontes até aqui localizadas indiciam, foi a Eduardo Waller & Comp. Isto é atestado por Bandeira Junior quando diz que, no gênero, "esta é a mais importante que existe no Estado".[31]

A respeito da relação da fábrica de Eduardo Waller com a instrução pública, João Gualberto de Oliveira assevera:

A instrução pública, notadamente a primária, com o advento da República, tomara novos rumos e incrementos em nossa terra. Apareciam os grupos escolares pelos bairros, pelas cidades do interior. E Eduardo Waller era quem fornecia o mobiliário para as classes. O material por êle usado era de primeira ordem e correspondia

---

30 Ibid.
31 Bandeira Jr., op. cit.

ao novo espírito educacional. Por isso, seu nome tornou-se acatado de norte a sul do Brasil, a tal ponto que, em 1908, o industrial sueco adquiriu um vasto terreno na Rua Antônia de Queirós, antigo n.65, no bairro da Consolação, e para ali transferiu sua oficina. Nessas novas instalações chegou a contar com sessenta operários a seu serviço.[32]

Os relatos de Oliveira corroboram a compreensão de que essa era uma empresa nacional que mantinha negócios com instituições de ensino de diversas regiões do país. Todavia, ainda se pretende investir em pesquisa de localização dessa comercialização em outros estados. O autor também informa que o industrial participava de feiras nacionais e internacionais.

Devemos-lhe a criação de um tipo original de carteira escolar, a que ele deu o nome de "Brasil". E a "Adjustable", ajustável à altura e à conformação física do escolar. Esse material, nas diversas feiras nacionais e estrangeiras em que se expôs, foi premiado com as mais altas distinções. E com justificados motivos, pois representava grande e admirável inovação na pedagogia daquele tempo.[33]

Não se identificou, até agora, a comercialização dos produtos Waller em outros países, o que leva a tratá-la, ainda, como uma empresa nacional. Considerando isso, demonstraremos neste ponto que as mercadorias da E. Waller foram largamente adquiridas por instituições de ensino paulistas.

As carteiras Waller e americana aparecem em quantidade significativa nos inventários de bens da Escola Normal do Brás e da Praça da República. No *Livro de inventário geral de material escolar, móveis e utensílios* da Escola Normal Caetano de Campos, com registros de 1895 e 1896, consta a seguinte relação:

---

32 Oliveira, op. cit., p.108.
33 Ibid.

Quadro 1 – Inventários da Escola Normal Caetano de Campos

| ESCOLA NORMAL CAETANO DE CAMPOS | |
|---|---|
| ANO | |
| 1895 | 1896 |
| 363 carteiras escolares americanas | 48 cadeiras austríacas, amarelas, assento de palhinha |
| 355 bancos escolares americanos | |
| 120 cadeiras americanas que servem no salão nobre | 120 cadeiras de braço, envernizadas, que servem no salão nobre |
| 120 cadeiras americanas de braço que servem no amphitheatro | 82 cadeiras americanas, amarelas, com assento de palhinha |
| 11 carteiras americanas para professores | 5 cadeiras de braço, de canela preta e assento de marroquino |
| 11 cadeiras americanas de mola e palhinha | 2 cadeiras de balanço, austríacas |
| 5 carteiras escolares estragadas | 4 cadeiras estofadas, com assento de morroquino |
| 8 bancos escolares estragados | 4 cadeiras pretas com assento de couro da Rússia |
| 3 carteiras de canela preta encerada, com grades, para amanuenses | 1 cadeira de mola com assento e encosto de palhinha |
| 3 cadeiras com assento e encosto de couro da Rússia | 3 carteiras de canela preta, com grades, para amanuenses |
| 2 cadeiras de balanço, austríacas | 30 bancos com pés de ferro, modelo 550 |
| 48 cadeiras austríacas envernizadas de amarelo | |
| 51cadeiras americanas envernizadas de amarelo | |
| 3 cadeiras de braço estofadas a morroquino | |
| 1 cadeira de mola, austríaca | |
| 28 bancos para jardim, modelo 550 | |

Fonte: Elaboração das autoras a partir do *Livro de inventário de bens*.

No *Livro de inventário da Escola Normal do Brás*, com registros de 1913 e 1924, são muitas as carteiras Waller, como se lê no quadro a seguir:

Quadro 2 – Inventários da Escola Normal do Brás

| ESCOLA NORMAL DO BRÁS | |
|---|---|
| ANO | |
| 1913 | 1924 |
| 1 cadeira giratória no gabinete do diretor | 1 cadeira giratória no gabinete do diretor |
| 4 cadeiras austríacas na secretaria | 1 cadeira giratória no gabinete do vice-diretor |
| 1 cadeira giratória na portaria | |
| 9 cadeiras austríacas na portaria | 6 cadeiras austríacas na secretaria |
| 9 bancos de madeira com pernas de ferro no corredor | 2 cadeiras giratórias na secretaria |
| | 10 cadeiras austríacas na biblioteca |
| 11 cadeiras austríacas na sala VI | 3 cadeiras na biblioteca |
| 1 cadeira de braço na sala VI | 1 cadeira giratória na biblioteca |
| 12 cadeiras com encosto de marroquino no salão n.1 | 2 banquetas e um banquinho na biblioteca |
| 15 cadeiras de braço austríaco no salão n.1 | 59 bancos de madeira no "pateo" |
| 90 cadeiras presas no salão n.1 | 2 carteiras no arquivo |
| 4 cadeiras austríaca no salão n.1 | 201 cadeiras austríacas no salão |
| 1 cadeira giratória na sala II | 35 poltronas no salão |
| 8 cadeiras austríacas na sala II | 7 poltronas com encosto marroquino no salão |
| 45 carteiras simples Waller na sala II | 2 cadeiras de braço no gabinete dos professores |
| 45 bancos simples Waller na sala II | |
| 1 cadeira giratória na sala III | 1 cadeira austríaca no gabinete dos professores |
| 1 cadeira austríaca na sala III | |
| 45 carteiras simples Waller na sala III | 1 cadeira de vime para docentes no gabinete dos professores |
| 45 bancos simples Waller na sala III | 1 cadeira giratória na portaria |
| 1 cadeira giratória na sala IV | 6 cadeiras austríacas na portaria |
| 1 cadeira austríaca na sala IV | 1 cadeira americana para dentista no gabinete dentário |
| 45 carteiras simples Waller na sala IV | |
| 45 bancos simples Waller na sala IV | 1 cadeira austríaca no gabinete dentário |
| 1 cadeira giratória na sala V | |
| 1 cadeira austríaca na sala V | 1 cadeira austríaca com braços na sala de gymnastica |
| 35 carteiras simples Waller na sala V | 6 cadeiras nos corredores |
| 35 bancos simples Waller na sala V | 13 bancos de madeira na sala de arrecadação |
| 1 cadeira giratória na sala VIII | |

*Continua*

Quadro 2 – Inventários da Escola Normal do Brás (continuação)

| ESCOLA NORMAL DO BRÁS | |
|---|---|
| ANO | |
| 1913 | 1924 |
| 1 cadeira austríaca na sala VIII | 15 carteiras na sala de arrecadação |
| 35 carteiras simples Waller na sala VIII | 1 cadeira austríaca com braços na sala I |
| 35 bancos simples Waller na sala VIII | |
| 1 cadeira giratória na sala IX | 2 cadeiras austríacas na sala I |
| 45 carteiras simples Waller na sala IX | 45 carteiras simples Waller na sala I |
| 45 bancos simples Waller na sala IX | 45 bancos simples Waller na sala I |
| 1 cadeira giratória na sala X | 1 cadeira austríaca na sala III |
| 35 carteiras simples Waller na sala X | 45 carteiras simples Waller na sala IV |
| 35 bancos simples Waller na sala X | 45 bancos simples Waller na sala IV |
| 1 cadeira giratória na sala XI | 1 cadeira de braços na sala IV |
| 1 cadeira austríaca na sala XI | 1 cadeira de braços na sala V |
| 45 carteiras simples Waller na sala XI | 1 cadeira austríaca na sala V |
| 45 bancos simples Waller na sala XI | 45 carteiras simples Waller na sala V |
| 11 cadeiras de braço austríacas na sala XII | 45 bancos simples Waller na sala V |
| 95 cadeiras austríacas na sala XII | 13 cadeiras na sala VII |
| 1 cadeira giratória na sala XIII | 1 cadeira austríaca com braços na sala VIII |
| 1 cadeira austríaca na sala XIII | |
| 45 carteiras simples Waller na sala XIII | 45 carteiras simples Waller na sala VIII |
| 45 bancos simples Waller na sala XIII | 45 bancos simples Waller na sala VIII |
| 1 cadeira giratória na sala XVI | 3 cadeiras austríacas (uma de braço) na sala IX |
| 1 cadeira austríaca na sala XVI | |
| 35 carteiras simples Waller na sala XVI | 45 carteiras simples Waller na sala IX |
| 35 bancos simples Waller na sala XVI | 45 bancos simples Waller na sala IX |
| 5 carteiras simples Waller no arquivo | 4 cadeiras austríacas (uma de braço) na sala X |
| 1 carteira simples Waller no arquivo | |
| 2 bancos simples Waller no arquivo | 45 carteiras simples Waller na sala X |
| 5 bancos simples Waller no arquivo | 45 bancos simples Waller na sala X |
| 2 cadeiras austríacas no arquivo | 4 cadeiras austríacas (uma de braço) na sala XI |
| 3 cadeiras austríacas na cozinha | |
| 30 taboas para carteira no arquivo | 46 carteiras simples Waller na sala XI |
| 3 cadeiras austríacas na cozinha | 46 bancos simples Waller na sala XI |
| | 2 cadeiras austríacas (uma de braço) na sala XII |

*Continua*

Quadro 2 – Inventários da Escola Normal do Brás (continuação)

| ESCOLA NORMAL DO BRÁS | |
|---|---|
| ANO | |
| 1913 | 1924 |
| | 1 cadeira na sala XIII |
| | 45 carteiras simples Waller na sala XV |
| | 45 bancos simples Waller na sala XV |
| | 1 cadeira giratória na sala XV |
| | 2 cadeiras na sala XV |
| | 45 carteiras simples Waller na sala XVI |
| | 45 bancos simples Waller na sala XVI |
| | 1 cadeira giratória na sala XVI |
| | 2 cadeiras austríacas na sala XVI |
| | 45 carteiras simples Waller na sala XVII |
| | 45 bancos simples Waller na sala XVII |
| | 1 cadeira giratória na sala XVII |
| | 2 cadeiras austríacas na sala XVII |
| | 35 carteiras simples Waller na sala XVIII |
| | 35 bancos simples Waller na sala XVIII |
| | 1 cadeira giratória na sala XVIII |
| | 2 cadeiras na sala XVIII |
| | 35 carteiras simples Waller na sala XXI |
| | 35 bancos simples Waller na sala XXI |
| | 1 cadeira giratória na sala XXI |
| | 2 cadeiras na sala XXI |
| | 45 carteiras simples Waller na sala XXII |
| | 45 bancos simples Waller na sala XXII |
| | 1 cadeira giratória na sala XXII |
| | 2 cadeiras na sala XXII |
| | 45 carteiras simples Waller na sala XXIV |
| | 45 bancos simples Waller na sala XXIV |
| | 1 cadeira giratória na sala XXIV |

*Continua*

Quadro 2 – Inventários da Escola Normal do Brás (continuação)

| ESCOLA NORMAL DO BRÁS | |
|---|---|
| ANO | |
| 1913 | 1924 |
|  | 2 cadeiras na sala XXIV |
|  | 1 cadeira de braços no laboratório de physica e chimica |
|  | 2 cadeiras simples no laboratório de physica e chimica |
|  | 2 cadeiras na sala de anatomia |

Fonte: Elaboração das autoras a partir do *Livro de inventário de bens*.

Nos inventários, percebe-se a preponderância das carteiras americanas e Waller, dentre os tipos de bancos, cadeiras e carteiras descritos. O inventário da Caetano de Campos, do ano de 1895, foi elaborado considerando o total de carteiras e bancos escolares americanos que a instituição possuía.

Já os inventários da Normal do Brás mencionam quantas carteiras Waller ocupavam algumas salas da escola. Essa forma de organização permite supor que os espaços com 35 ou 45 carteiras e bancos simples Waller eram destinados às salas de aulas e que estes correspondiam, provavelmente, ao número de alunos que formavam uma classe. É o caso das salas III, IV, V, VIII, IX, X, XI, XIII e XVI, conforme inventário de 1913. O inventário de 1924 sinaliza a reorganização do uso dos espaços escolares. As salas I, XV, XVII, XVIII, XXI, XXII e XXIV transformam-se em sala de aula.

É provável que a carteira Brazil não fizesse parte do acervo mobiliário da Escola Normal do Brás. Como se observa nos inventários, nos quais há a descrição de 45 carteiras simples Waller, há o mesmo número de bancos simples Waller. Isso significa que o móvel descrito nos inventários de 1913 e 1924 não possuía o assento integrado à carteira, como se vê na carteira Brazil. Uma possibilidade é que o mobiliário denominado como "Waller" nos inventários da Escola Normal do Brás fosse a carteira higiênica. Dois pontos sustentam essa hipótese. Primeiro, a carteira higiênica tinha a mesa e o banco separados. Segundo, ela era o produto de destaque da empresa, tanto porque tinha sido patenteada, como porque era o produto usado como propaganda nas notas de compra da Eduardo Waller, como se vê na imagem a seguir.

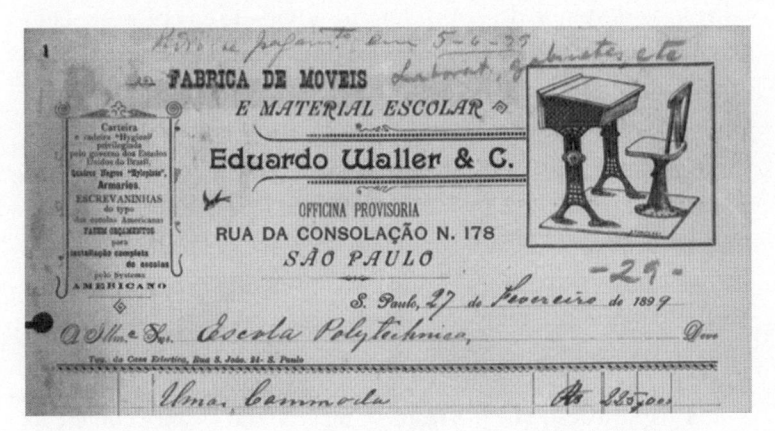

Imagem 5 – Nota de compra – Escola Politécnica de São Paulo/E. Waller
Fonte: Arquivo Histórico da Escola Politécnica de São Paulo.

Essa rara nota de compra da fábrica Eduardo Waller destaca não apenas o produto-propaganda da empresa, mas dá notícia de outras instituições de ensino, no caso uma instituição de ensino superior que também foi cliente da empresa, a Escola Politécnica de São Paulo. Entre fevereiro de 1898 e outubro de 1899, a Eduardo Waller forneceu um conjunto de produtos para a Escola Politécnica de São Paulo. Os produtos adquiridos foram quadro-negro com cavalete (1), compasso (5), régua com escala (5), esquadros (3), cômoda (1) e armário (1).

A documentação localizada no Arquivo Histórico da Escola Politécnica de São Paulo dá acesso à única nota de compra da Eduardo Waller conhecida até o momento. A referida nota permite conhecer mais sobre como a própria empresa se apresentava para os seus clientes, bem como sobre os produtos que destacava e propagandeava.

Na cártula da nota de compra é possível saber mais sobre algumas especificações da empresa. A atividade principal era ser uma fábrica de móveis e material escolar. Dentre os produtos que fabricava e/ou fornecia, na nota de compra constam o "quadro-negro 'Hyloplate', armários e escrivaninhas do typo das escolas americanas". O destaque, entretanto, é dado à "carteira e cadeira Hygienica", produto ilustrado na nota. Essa ilustração evidencia o lugar de destaque desse produto na atividade da empresa, bem como o potencial que a carteira tinha de alavancar a atividade e lucratividade empresarial. Como já mencionado, estava localizada na Rua da Consolação, n.178, na cidade de São Paulo. A empresa informa, ainda, aos clientes a possibilidade de fazer "orçamentos para installação completa de escolas pelo Systema Americano".

## Comentários finais

Tratar a Eduardo Waller & Comp. como uma empresa nacional é uma classificação que diz respeito mais ao seu alcance comercial e menos aos aspectos da constituição e funcionamento. De todo modo, é importante destacar que a classificação de uma empresa como nacional não significa o isolamento dela em relação a discussões que se davam em e entre diferentes países. Para citar um exemplo, a E. Waller, não por acaso, usou com frequência a propaganda das carteiras e móveis "typo das escolas americanas" ou "systema americano".

A despeito das pequenas variações, a carteira "tipo americano" era fabricada com a base de ferro fundido, o assento e a mesa de madeira. Tinha, também, tinteiro e gaveta para guardar livros ou o material do aluno, como se nota na carteira Brazil. A transnacionalização desse design contribuiu para que esse modelo de carteira deixasse de caracterizar uma mercadoria, um produto específico, e passasse a circular como uma ideia hegemônica de carteira.

Em outras palavras, houve um descolamento entre um modelo e um produto específico. Desse modo, pode-se afirmar que, no âmbito da transnacionalização da carteira escolar, o modelo madeira e ferro fundido passou a designar mais do que um produto. Tornou-se um conceito, uma ideia que ultrapassou fronteiras.

# 7
## MERCADO LIVREIRO:
## A *BIBLIOTHECA DO POVO*
## E DAS ESCOLAS[1]

Explorar as estratégias de comercialização mobilizadas no período para impressos e, em particular, para aqueles dedicados à escola e às classes populares, bem como estudar a circulação desses artefatos culturais entre Brasil e Portugal são os objetivos deste capítulo. Para tanto, tomaremos a editora Empreza Horas Românticas, de David Corazzi, fundada em 1870, como exemplo. Em particular, nosso interesse repousa sobre a *Bibliotheca do povo e das escolas*, por ele publicada, e que foi premiada com a medalha de ouro na Primeira Exposição Pedagógica brasileira, realizada no Rio de Janeiro, entre 29 de julho e 30 de setembro de 1883.

Corazzi foi o único representante português a participar do certame, que reuniu, como expositores, colégios brasileiros e fabricantes e distribuidores nacionais ou estrangeiros de móveis e materiais didáticos, em suas treze salas. Carteiras, livros, mapas, objetos de laboratório de física, química e história natural, quadros de história, globos, material de ginástica, além de relatórios e documentos

---

1 Este capítulo foi publicado originalmente como Vidal, A circulação internacional de artefatos escolares: a *Bibliotheca do povo e das escolas*, de David Corazzi (Portugal, Brasil, 1881-1896). In: Paixão; Toni, *Estudos brasileiros em três tempos:* 1822-1922-2022. Pensar o Brasil: desafios e reflexões, p.205-30.

de várias nações, como Bélgica, França, Estados Unidos, Holanda, Portugal e Argentina, distribuíram-se pelos ambientes, e foram compendiados nas 293 páginas do *Guia para os visitantes da Exposição Pedagógica*, publicado pela Imprensa Oficial no mesmo ano.

A *Bibliotheca do povo e das escolas* figurou entre objetos compendiados e mereceu destaque da comissão organizadora. Tratava-se, de acordo com Jorge Carvalho do Nascimento,[2] de volumes "publicados quinzenalmente, nos dias 10 e 25 de cada mês, cada um com rigorosas 64 páginas, em formato de 15,5 x 10 centímetros, de composição cheia". O termo *biblioteca* podia significar tanto o local de guarda de livros quanto o coletivo de livros, ou uma coleção. Era desse último sentido que David Corazzi fazia uso. Portanto, a *Bibliotheca do povo e das escolas* consistia em uma coleção que, de acordo com Giselle Martins Venâncio,[3] obedecia ao então modelo de divulgação científica.

Como clamava Xavier da Cunha, diretor da coleção entre 1881 e 1894, no prólogo editado em 1883, a publicação visava à vulgarização dos "conhecimentos humanos", destinando-se a prover de instrução os "que não sabem por lhes fallecerem recursos com que aprendam". Tal pretensão, por certo, incidia também na definição do formato dos exemplares e dos meios utilizados para distribuição e propaganda.

A *Bibliotheca do povo e das escolas* circulou entre Brasil e Portugal ao longo de 42 anos, com 29 séries e 237 livros, editados entre 1881 e 1913. À época da participação na Exposição Pedagógica, estava em seus primórdios, mas já evidenciava o enorme sucesso que iria lhe granjear longevidade. Segundo Nascimento,

A edição dos dois primeiros volumes foi de 6 mil exemplares cada. A partir do terceiro volume começaram a ser impressos 12 mil

---

2 Nascimento, Nota prévia sobre a palavra impressa no brasil do século XIX: a *Biblioteca do povo e das escolas*, *Revista Horizontes*, p.11-28.

3 Venâncio, Os caminhos da coleção *Biblioteca do povo e das escolas* traçados por David Corazzi, Francisco Alves e Gualter Rodrigues, *Cultura: Revista de História e Teoria das Ideias*, v.21, p.1-17.

Imagem 1 – David Corazzi e Xavier da Cunha

Fonte: Vitor Bonifácio. *Um modelo para a* Biblioteca do povo e das escolas, p.321.

exemplares de cada vez. A tiragem subiu para 15 mil exemplares a partir do volume 10.[4]

Além da *Bibliotheca do povo e das escolas*, Corazzi também editava desde 1881 os *Dicionários do povo* e respondia pela distribuição de periódicos, como *Os Dois Mundos*. Para tanto, havia se instalado no Rio de Janeiro, à Rua da Quitanda, n.40, conforme afiança Tania de Luca.[5] Entretanto, mantinha a sede administrativa em Lisboa, à Rua do Atalaya, n.52, como consta na capa dos volumes da *Bibliotheca do povo e das escolas*. Em razão de problemas de saúde, Corazzi, que faleceria em 1896, vendeu sua editora em 1888 para A Editora, absorvida mais tarde, em 1913, pela Livraria Francisco Alves.

Apesar de seus títulos terem atraído a atenção de pesquisadores, a empresa editorial Horas Românticas ainda é pouco estudada pela

---

4 Nascimento, op. cit.

5 De Luca, *A ilustração (1884-1892):* circulação de textos e imagens entre Paris, Lisboa e Rio de Janeiro.

história da educação, com exceção da pesquisa feita por Jorge do Nascimento, mencionada anteriormente.

Para dar conta de seus objetivos, este capítulo está organizado em três partes. A primeira constrói o panorama da escolarização em Portugal e no Brasil no fim do século XIX. A segunda parte detalha o artefato e explora as estratégias de comercialização inventadas por Corazzi. Nos comentários finais, interroga-se sobre a presença da *Bibliotheca do povo e das escolas* em escolas brasileiras. Cabe, ainda, o alerta de que a análise se restringe aos anos iniciais de circulação do impresso, período que coincide com a atuação de Xavier da Cunha e que se encerra com o falecimento de Corazzi, em razão dos volumes disponíveis na Biblioteca do Instituto de Estudos Brasileiros da Universidade de São Paulo, local onde a pesquisa de campo foi realizada.

## A qual escola a *Bibliotheca do povo e das escolas* se destinava?

No âmbito de uma história econômica da escola, ganham interesse de pesquisa a produção e o consumo dos artefatos escolares, a indústria escolar e o mercado oferecido pela escola, bem como os efeitos sobre a corporeidade que o trato com a materialidade implica. Destacam-se, assim, tanto as estratégias de fabricação, distribuição, importação e comercialização de produtos voltados à aquisição por escolas ou órgãos da administração pública quanto os modos como esses artefatos foram diferentemente apropriados nos contextos escolares e subjetivados pelos sujeitos da escola.

No caso da *Bibliotheca do povo e das escolas*, objeto de interesse deste capítulo, isso significa atentar não apenas para, como assim a concebe Roger Chartier,[6] a fórmula editorial utilizada; mas também para os modos de circulação intentados, conectando, de início, Portugal e Brasil. Antes de abordá-los, entretanto, valeria discorrer

---

6  Chartier, *A história cultural:* entre práticas e representações, p.178 ss.

sobre o cenário em que se desenrola a trama aqui narrada. Afinal, a qual escola a *Bibliotheca do povo e das escolas* se destinava? Como essa escola se configurava nos dois países nos anos 1880 e 1890, datas-limite deste texto?

A resposta à primeira pergunta encontra-se na contracapa. A informação de que alguns livros tinham sido "approvados pelo Governo para uso das aulas primárias e muitos outros teem sido adoptados nos Lyceus" sinalizava para o público escolar visado: escolas primárias e secundárias. Quanto à segunda indagação, para efeito desta análise, recortemos apenas o universo das escolas elementares portuguesas e brasileiras.

Segundo Margarida Felgueiras e Elisabeth Poubel e Silva, as escolas graduadas implantaram-se em Portugal a partir de 1869, com a criação da Escola Central n.1 de Lisboa. Além de reunir as escolas isoladas, a nova modalidade escolar

> [...] introduziu o ensino simultâneo, propondo a organização de classes de acordo com a idade do aluno, sob a batuta de um professor para cada classe. [...] Era uma escola destinada ao sexo masculino, contendo três classes, podendo ser subdivididas em duas secções, que ficavam a cargo de quatro professores nomeados, sendo que um deles ocupava a função de director.[7]

As mesmas autoras afiançam que, na década de 1880, existiriam ao menos dezenove escolas centrais em Lisboa. No entanto, compulsando estatísticas, indicam que, em 1870, haveria uma escola para cada mil habitantes, e que apenas a partir de 1881 seria estabelecida a obrigatoriedade de frequência a meninos e meninas. Aliás, de acordo com as autoras, a implantação das escolas centrais ficou circunscrita de início a Lisboa e ao Porto, e "não parece ter despertado o interesse da sociedade civil, que geralmente continuou a doar edifícios escolares de um ou dois lugares, mais próximos das populações a que serviam, tendo-se confinando à esfera político-

---

7 Felgueiras; Silva, op.cit.

-educacional". Nesse panorama, é possível afirmar que, a despeito da introdução da escola graduada em Portugal, 24 anos antes de sua criação no Brasil, a maioria do ensino elementar português era praticada em escolas isoladas, com um único mestre e alunos em diferentes estágios de aprendizagem dos conteúdos em uma mesma sala de aula.

Os grupos escolares, denominação que as escolas graduadas assumiram em terras brasileiras, emergiram no período republicano. Pretendiam substituir as escolas isoladas unidocentes, privilegiando o ensino simultâneo, especializando a docência com professores distribuídos por séries escolares, e introduzindo a figura do diretor.

> Surgidos no corpo das leis desde 1893, em São Paulo e no Rio de Janeiro, regulamentados e instalados a partir de 1894 no estado de São Paulo, os grupos escolares emergiram ao longo das duas primeiras décadas republicanas nos estados do Rio de Janeiro (1897); Maranhão e Paraná (1903); Minas Gerais (1906); Bahia (1908), Rio Grande do Norte, Espírito Santo e Santa Catarina (1908); Mato Grosso (1910); Sergipe (1911); Paraíba (1916); e Piauí (1922).[8]

Portanto, situaram-se praticamente fora do período abrangido por este estudo, entre 1881 e 1896. Anteriores a esse processo, entretanto, no Município da Corte, surgiram edifícios erigidos nas décadas de 1870 e 1880, e conhecidos como Escolas do Imperador, de acordo com Alessandra Schueler e Ana Magaldi,[9] resultantes da reunião das escolas isoladas, contribuindo "para a introdução gradual do ensino simultâneo e seriado e dos novos mecanismos de divisão e controle do trabalho docente (direção, inspeção escolar, hierarquia burocrática etc.) na cidade do Rio de Janeiro". As oito escolas então construídas, a despeito de sua importância para os

---

8 Vidal, Tecendo história (e recriando memória) da escola primária e da infância no Brasil: os grupos escolares em foco. In: Vidal, op.cit., p.3.

9 Schueler; Magaldi. Educação escolar na Primeira República: memória, história e perspectivas de pesquisa, *Tempo*, v.13, p. 32-55.

habitantes do município, não chegaram a alterar a paisagem majoritária de escolas elementares isoladas no país.

Quanto à obrigatoriedade escolar no Brasil, a situação era bastante variada na época e dependia da legislação provincial. A referência mais precoce diz respeito ao

[...] ano de 1828 para a cidade mineira de Mariana. Em termos de legislação provincial, as primeiras peças legais datam de 1835 e foram proclamadas por Minas Gerais e Goiás, seguidas do Ceará (1837) e Piauí (1845). O município neutro da Corte encerra em 1849 o movimento restrito à primeira metade do século XIX. Os anos 1850, entretanto, emergem como pródigos na legislação sobre o ensino compulsório. O dispositivo aparece nas leis provinciais do Grão-Pará (1851), Paraná, Rio de Janeiro e Maranhão (1854), Pernambuco (1855), Amazonas e Sergipe (1858). Novo surto vamos encontrar na década de 1880 para as províncias do Rio Grande do Sul (1871), Espírito Santo (1873), Santa Catarina e São Paulo (1874), Alagoas (1876) e Mato Grosso (1880).[10]

Não obstante, não é possível supor que, uma vez promulgada, a obrigatoriedade do ensino tenha sido instaurada nas respectivas províncias. Ao contrário, em geral, leis posteriores reiteravam ou excluíam o dispositivo legal por motivos vários, dentre eles o não cumprimento da legislação, a falta de meios de inspecionar as escolas ou mesmo a pobreza ou "incúria" das famílias.

Diante desse quadro geral, pode-se afirmar que, mesmo com a introdução de escolas graduadas em Portugal e das Escolas do Imperador no Brasil, a maioria da população atendida pelo ensino público frequentava unidades escolares isoladas e que, a despeito das muitas brechas das leis de obrigatoriedade escolar, havia a preocupação do Estado pela ampliação do contingente do alunado português e brasileiro. Com certeza poderíamos ainda explorar as taxas de alfabeti-

---

10 Vidal, Faces da obrigatoriedade escolar: lições do passado, desafios do presente. In: Vidal; Sá; Silva, op.cit., p.12.

zação nos dois países para compor esse cenário, mesmo sabendo da fragilidade das estatísticas na época. Segundo Alceu Ferraro, para o interregno entre o primeiro (1872) e o segundo (1890) censos no Brasil, a trajetória da taxa de analfabetismo para a população de 5 anos ou mais manteve estabilidade em torno de 82,5%. Já Francisco Ribeiro da Silva[11] afiança que, em 1890, 76% da população portuguesa maior de sete anos não sabia ler nem escrever.

É nesse cenário que se inseria a produção e a comercialização da *Bibliotheca do povo e das escolas*. Se o título já anunciava o interesse em fornecer material ao ensino escolar, provavelmente visando as escolas isoladas e sendo estimulado pela disseminação de leis de obrigatoriedade escolar, também aludia a uma preocupação com a ilustração do povo. Ao valorizar a linguagem concisa, simples e acessível a "todas as intelligências", como se lê na capa de todos os volumes (ver, por exemplo, a Imagem 2), simultaneamente situava-se no âmbito das iniciativas liberais que pretendiam a disseminação popular do conhecimento científico, artístico e literário, como também almejava alargar o potencial de consumo do produto comercializado, abarcando os diferentes níveis escolares e acolhendo a população analfabeta. Oferecia-se, assim, tanto à leitura individual e silenciosa quanto à coletiva e em voz alta, respondendo a usos escolares e sociais dos impressos.

## A *Bibliotheca do povo e das escolas*: estratégias de comercialização (e subjetivação)

Para Giselle Martins Venâncio,[12] a *Bibliotheca do povo e das escolas* foi a primeira experiência portuguesa de livro "popular de massas". Não apenas vendia os exemplares a preços módicos, 50 réis, como se valia de uma fórmula editorial com capas padronizadas e papel barato.

---

11  Silva, História da alfabetização em Portugal: fontes, métodos, resultados. In: _____, *A história da educação em Espanha e Portugal*, p.101-21.

12  Venâncio, op.cit.

Se tomamos os cálculos feitos por Stanley Stein, mencionados por Adriana Maria Paulo da Silva,[13] 50 réis, em 1825, equivaleria a 0,0525 dólares. Podemos encontrar outra medida de valor em Antonio Egydio Martins, quando se refere, em 1874, à quitanda de Nhá Maria Café, que

> [...] todas as manhãs, para atender à numerosa freguesia, costumava fazer saborosas empadas de farinha de milho com piquira ou lambari e vendia cada uma a 20 réis, com uma tigelinha de café a 40 réis; à noite fazia o apreciado cuscuz de bagre e camarão de água doce [vendido...] por 40 réis.[14]

Portanto, cada livro da coleção de Corazzi saía por aproximadamente o mesmo que uma empada de farinha de milho com uma tigela de café ou que um grande pedaço do "apreciado cuscuz".

O aspecto físico da publicação muito lembra a *Bibliotèque Bleue* e a literatura de colportagem, estudada por Roger Chartier para a França no século XVII. Nos dois casos, faziam uso de uma fórmula editorial que conferia "ao objeto formas próprias, que organiza[va] os textos de acordo com dispositivos tipográficos específicos".[15] Os textos eram editados em *in-octavo*. Porém, enquanto os volumes da *Bibliotèque Bleue* variavam em extensão, os da *Bibliotheca do povo* tinham sempre 64 páginas, correspondendo a quatro folhas de tipografia, confeccionados com papel-jornal, de gramatura fina e alta acidez.

O formato diminuto não representava apenas uma estratégia de redução de custos; implicava também portabilidade. Os livros cabiam na palma da mão e podiam ser acomodados em bolsos e algibeiras, sendo de fácil manuseio e transporte, o que reforça o propósito de servir ao consumo das classes populares (Imagem 2).

---

13 Silva, *Aprender com perfeição e sem coação:* uma escola para meninos pretos e pardos na Corte.

14 Martins, *São Paulo antigo (1554 a 1910)*, v.1.

15 Chartier, *A história cultural*, p.178.

Imagem 2 – *O continente negro*, de Ladislau Batalha
Fotografia de Juliana Frutuoso. (Fundo José Feliciano de Oliveira. Biblioteca do IEB-USP.)

Todas as capas eram idênticas na forma gráfica, variando apenas o conteúdo relativo ao título, nome do autor e sua qualificação. Na testa, a inscrição "Propaganda de instrução para Portuguezes e Brazileiros" definia o público-alvo da publicação, informação que se completava com a denominação da coleção: *Bibliotheca do povo e das escolas*. O valor do impresso vinha logo abaixo e era reiterado nas duas laterais. Em caso de conter ilustrações, a referência era incluída após o título e a autoria da obra. Enquadrado, o texto definia as características da coleção:

> Cada volume abrange 64 páginas, de composição cheia, edição estereotypada, – e fórma um tratado elementar completo n'algum ramo de sciencias, artes ou industrias, um florilégio litterário, ou um agregado de conhecimentos úteis e indispensáveis, expostos

por fórma succinta e concisa, mas clara, despretenciosa, popular, ao alcance de todas as intelligencias.[16]

Era ladeado pelo número da série. Seguiam-se o ano da publicação, os nomes do editor e da casa editorial, além da menção "Premiada com medalha de oiro na Exposição do Rio de Janeiro". Por fim, indicavam-se os endereços da sede da editora em Lisboa e no Rio de Janeiro (a partir de 1889, também a representação na cidade do Porto, em Portugal) e o número do volume. Toda capa era emoldurada pelos mesmos elementos gráficos, consolidando a identidade da coleção (Imagem 3).

Imagem 3 – *Aerostação*, de João Maria Jalles
Fotografia de Diana Vidal. (Fundo José Feliciano de Oliveira. Biblioteca do IEB-USP.)

Dependendo do assunto, o livro poderia ser ilustrado. As imagens tanto tomavam duas páginas inteiras (como no exemplo a seguir, em

16 Corazzi (ed.), *Bibliotheca do povo e das escolas:* aeroestação, n.158, capa.

que se nota a costura dos cadernos, feita com barbante) quanto apenas uma. Nos dois casos, reproduzimos as ilustrações constantes do volume *Aerostação*, de João Maria Jalles (imagens 4 e 5).

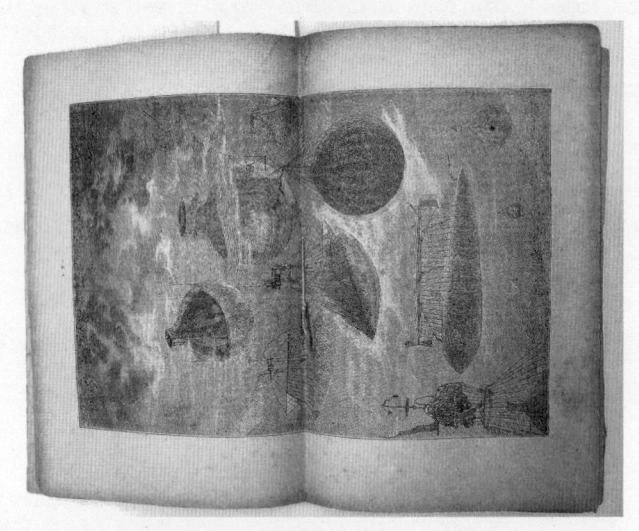

Imagem 4 – *Aerostação*, de João Maria Jalles
Fotografia de Diana Vidal. (Fundo José Feliciano de Oliveira. Biblioteca do IEB-USP.)

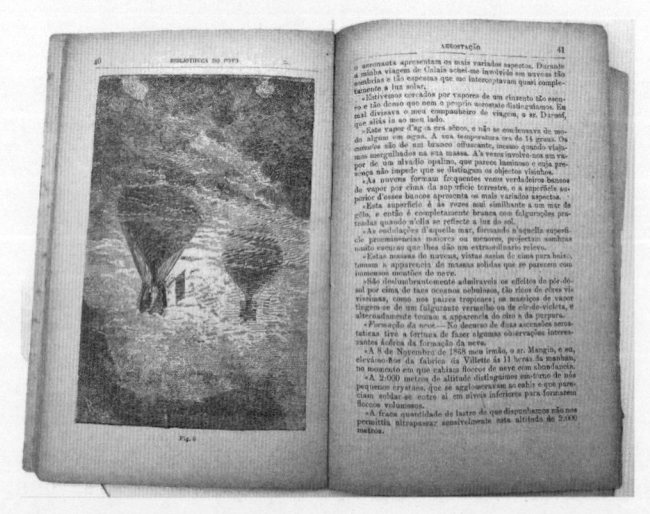

Imagem 5 – *Aerostação*, de João Maria Jalles
Fotografia de Diana Vidal. (Fundo José Feliciano de Oliveira. Biblioteca do IEB-USP.)

Na contracapa, agregavam-se outras informações, como a listagem de todas as séries e títulos publicados em cada série até o momento, o nome do responsável literário pela coleção, Xavier da Cunha, que, como dito antes, exerceu a função entre 1881 e 1894, e a menção "Premiada com medalha de oiro da Sociedade Giambattista Vico, de Napoles". Além disso, afirmava-se, como já mencionado: "Alguns dos seguintes livros já foram approvados pelo Governo para uso das aulas primárias, e muitos outros teem sido adoptados nos Lyceus e principaes escolas do paiz" (Imagem 6).

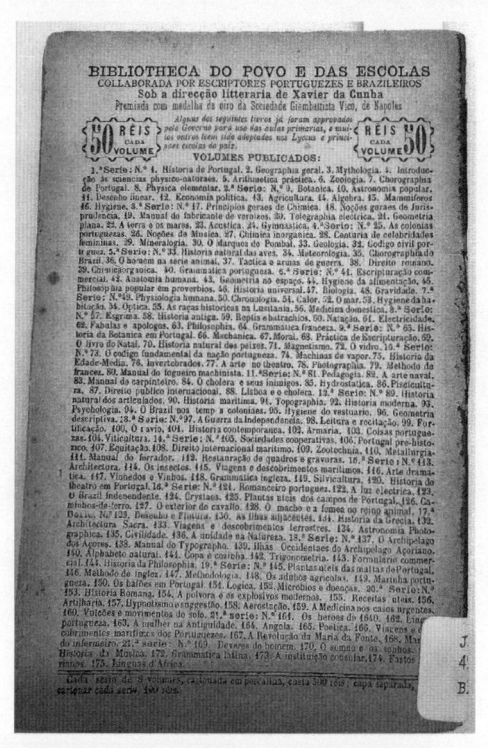

Imagem 6 – Contracapa de *Aerostação*, de João Maria Jalles
Fotografia de Diana Vidal. (Fundo José Feliciano de Oliveira. Biblioteca do IEB-USP.)

Por fim, vinha a elucidação de que "cada série de oito volumes, cartonada em percalina, custa 500 réis; capa separada para cartonar cada série, 100 réis".

Vale destacar as remissões às medalhas de ouro recebidas tanto na Exposição do Rio de Janeiro quanto da Sociedade Giambattista Vico, não apenas porque evidenciavam a presença da coleção portuguesa no Brasil e na Itália, mas sobretudo porque reforçavam a importância atribuída ao circuito escolar, o que se reiterava com a informação sobre o uso dos livros em escolas primárias e liceus. A expressão "do paiz" referia-se a Portugal. Vitor Bonifácio esclarece que, em 1883, o Conselho Superior de Instrucção Pública aprovou a "utilização de vários números da BPE na instrução primária e no ensino normal" portugueses.[17]

Merece realce também a oferta de capas para cartonar e de volumes cartonados, visto que a nova materialidade conferida aos exemplares com o uso do papel-cartão aumentava a durabilidade do suporte, com implicações sobre seu transporte, guarda, leitura e manuseio. No primeiro caso, o livro, que poderia ser carregado em um bolso, passava a requerer outro meio de transporte mais condizente com a capa dura cartonada. No segundo, agregava-se um novo valor, a estocagem com vistas à consulta e não apenas à leitura, endereçando-se possivelmente à constituição/ampliação de bibliotecas particulares e escolares. Ao reunir os volumes em séries, o efeito aleatório da leitura dos livros era comutado pela sequência instrutiva a ser observada, supondo um sentido a ser identificado. Por fim, substituindo a maleabilidade do volume pela consistência da série encadernada, uma nova corporeidade era imposta aos sujeitos no ato de ler.

Se a *Bibliotheca do povo e das escolas* se assemelhava à *Bibliothèque Bleue* em sua fórmula editorial, dela se distanciava no propósito de se inserir no universo escolar. De acordo com Roger Chartier,[18] o livro da *Bibliothèque Bleue* "não era comprado necessariamente para ser lido, ou pelo menos para ser lido numa leitura minuciosa,

17 Bonifácio, Um modelo para a *Bibliotheca do povo e das escolas*: a *Biblioteca del Popolo*. In: Andrade; Carrington (coords.), *Do manuscrito ao impresso*, v.I, p.313-39.
18 Chartier, *A história cultural*, p.177.

precisa, atenta à letra do texto". Já na *Bibliotheca do povo e das escolas*, o objetivo de prover de instrução os "que não sabem por lhes fallecerem recursos com que aprendam" era explícito e anunciado por Xavier da Cunha. No entanto, não se pode elidir a constatação de que os autores buscavam uma linguagem simples e acessível, tornando factível a pretensão de uma leitura silenciosa e individual, mas também propiciando uma leitura coletiva e em voz alta.

No ideal de oferecer instrução às classes populares a preços módicos, Vitor Bonifácio[19] identifica a similitude da *Bibliotheca do povo e das escolas* com outro impresso, a ela contemporâneo: a *Biblioteca del Popolo*. Para o autor, não só compartilhavam dos mesmos propósitos, como tinham o mesmo número de página e formato e assemelhavam-se no grafismo e conteúdo das capas. Bonifácio chega a afirmar que o impresso português era inspirado no congênere italiano, o que pode explicar o interesse manifesto pela Sociedade Giambattista Vico, além de elucidar os modos de operação de editores na época.

Não escapa à curiosidade o sobrenome Corazzi. De fato, de acordo com Olímpia Nabo,[20] David tinha ascendência italiana por parte de pai, o que possivelmente implicara em um conhecimento do idioma ou o contato com o mercado livreiro da Itália, reforçando a circulação de estratégias editoriais entre os dois países.

Como mencionado anteriormente, nos 42 anos em que a coleção circulou entre Brasil e Portugal, foram editadas 29 séries, contendo 237 volumes. Para a penetração eficaz da publicação, não somente era necessária uma cuidadosa escolha de textos, autores, como era imprescindível o investimento no desenvolvimento de estratégias de distribuição e venda. As obras versavam sobre temas de apelo popular, tanto científicos, como balões e aeroestação, quanto sobre costumes, teatro e literatura em Portugal e nas colônias (Angola, Açores e Macau). Endereçavam-se também ao público escolar, com

---

19 Bonifácio, op. cit.
20 Nabo, *Educação e difusão da ciência em Portugal:* a *Bibliotheca do povo e das escolas* no contexto das edições populares do século XIX.

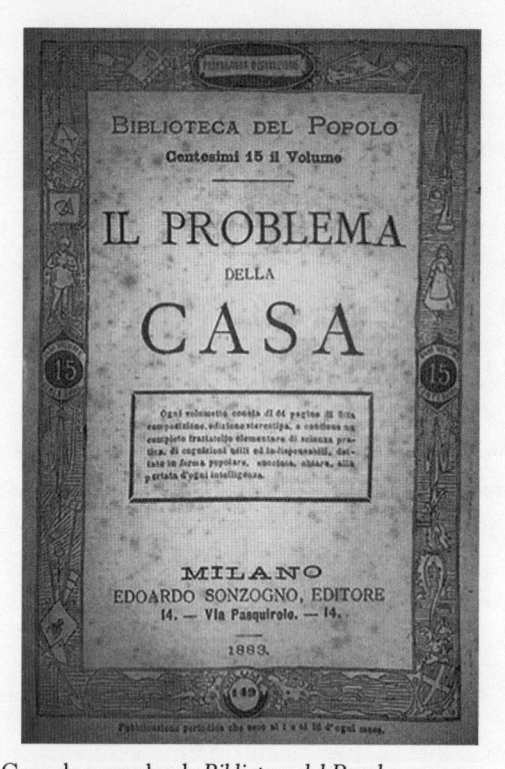

Imagem 7 – Capa de exemplar da *Biblioteca del Popolo*

Disponível em: https://www.maremagnum.com/libri-antichi/biblioteca-del-popolo-fascicoli-dal-n-202-al-260-1886-1895/149695956. Acesso em: 24 fev. 2020.

volumes sobre métodos de alfabetização, estudos sobre línguas e arcaísmos, geografia, história, dentre muitos outros, sempre com um repertório que se estendia de Portugal ao Brasil e às colônias portuguesas. Em geral, os textos se iniciavam com um convite à leitura, explicando ao leitor a pertinência do volume à coleção e a relevância do assunto nele tratado.

No que tange à distribuição, o caso do território brasileiro evidencia a abrangência do investimento. Giselle Venâncio,[21] ao estudar a trajetória do livreiro cearense Gualter Rodrigues da Silva, informa que em 1892, em seu inventário, constavam "38 títulos

---

21  Venâncio, op. cit.

da coleção *Bibliotheca do povo e das escolas*, em um total de 1.415 exemplares presentes na livraria cearense". Uma breve busca na Hemeroteca Digital da Biblioteca Nacional localiza menções à coleção em jornais do Rio de Janeiro, São Paulo, Pernambuco, Bahia, Maranhão, Santa Catarina e Paraíba. São notícias de distribuição de volumes, como remessas aos diretores do Club Literário e Recreativo pelo diário *O Norte*, da Paraíba, em 1882; doações a escolas, como a realizada por Anastácio Silveira de Souza para o Lyceu de Artes e Offícios, pelo periódico *O Despertador*, de Santa Catarina, em 1883; ou anúncios de livrarias, como a Ramos d'Almeida e Cia., pelo *Diário do Maranhão*, em 1884.

As datas das edições dos diários demonstram, ainda, a rapidez com que os exemplares da *Bibliotheca do povo e das escolas* foram dispersados geograficamente. Confirmam o diagnóstico de inovação e ousadia empresarial no planejamento e produção de suas edições, atribuído a David Corazzi por Telmo Verdelho e João Paulo Silvestre. Dentre as estratégias mobilizadas pelo editor, estavam "técnicas publicitárias" pioneiras, como destacam Irene Vaquinhas e Isabel Nobre Vargues,[22] ao se referirem ao sistema que implementou de oferta de brindes e prêmios sorteados por meio de loterias para cativar seus leitores. As autoras ainda asseveram que Corazzi era considerado um verdadeiro "fura-vidas dos editores portugueses", por possuir a "tenacidade do caruncho e a teimosia do mosquito".

A extensa rede de distribuição de livros no Brasil se configurava nos entrelaçamentos de várias iniciativas. A primeira delas era associar a venda da coleção à de outros produtos como os *Dicionários do Povo* e o periódico *Os Dois Mundos*. A segunda consistia no estabelecimento de correspondentes, expediente que extrapolou os limites do território brasileiro. Confluindo com o espectro temático dos volumes, de acordo com Manuela Domingos,[23] a editora pos-

---

22 Vaquinhas; Vargues, A imprensa da universidade no liberalismo e na I República. In: Fonseca et al. (org.), *Imprensa da Universidade de Coimbra*: uma história dentro da História, p.69-92.

23 Domingos, *Estudos de sociologia da cultura*: livros e leitores no século XI.

suía 217 correspondentes, abrangendo a China e países da Europa e África. A esses correspondentes, considerados como "[…] todas as pessoas que se responsabilizem por um certo número de assinaturas de cuja distribuição se encarreguem e deem a esta Casa garantia de sua boa vontade, honradez e zelo", a editora oferecia uma comissão de vendas de 15%.

No *Almanak Administrativo, Mercantil e Industrial do Rio de Janeiro*, a partir de 1884, a remissão a David Corazzi foi substituída por José de Mello que, mantendo o endereço comercial da Rua da Quitanda, n.40, apresentava-se como gerente no Brasil da antiga casa editora David Corazzi (Empreza Horas Românticas de Lisboa). No ano seguinte, acrescentou a informação de que era agente exclusivo da Companhia das Águas Gazozas e Medicinais das pedras salgadas de Villa Pouca de Aguiar, Portugal. Ainda na edição de 9 de janeiro de 1889 do *Diário do Commercio* (Rio de Janeiro), José de Mello aparecia como gerente da Editora David Corazzi, ofertando prêmios ao curso noturno gratuito para o sexo feminino, anexo ao Collégio Pedro II, entregues ao professor Cony.

Portanto, entre 1882, quando Corazzi se instalou no Rio de Janeiro, e 1888, quando vendeu a editora, o empreendimento comercial passou por alterações. Inicialmente, José de Mello assumiu as tarefas antes realizadas por David Corazzi. Na sequência, Mello acumulou mais uma representação, seguindo o caminho dos muitos agentes comerciais de empresas estrangeiras radicados no Rio de Janeiro, como, dentre outros, Louis Conseil, Etienne Collet e Charles Vautelet. Conseil, por exemplo, além de representar casas francesas dedicadas ao comércio escolar como a Maison Deyrolle, era fornecedor de vinhos provenientes de Bordeaux.

O expediente evidencia que os ramos do comércio ainda não estavam especializados. Analisando os inventários de dois livreiros de Fortaleza, Alexandrina de Oliveira – esposa de Joaquim José de Oliveira – e Gualter Silva, datados respectivamente de 1870 e 1892, Giselle Venâncio[24] encontrou, na lista de produtos postos à venda

---

24 Venâncio, op.cit.

em suas livrarias, mercadorias como "Água Balsâmica para dentes de montonac", "Água de toilette phenicado do Dr. Lamaire", "Ácido carbosótico", "Pílulas de Santa Maria", "Pomada Rondesicus", "Sabão de Alcatrão", "Pomada Mágica" e "Pós Dentifrícios".

## Comentários finais

Teriam chegado às escolas elementares brasileiras os volumes da *Bibliotheca do povo e das escolas*? De acordo com as referências localizadas na Hemeroteca Digital, elas circularam ao menos em escolas pós-primárias e secundárias. Entretanto, outro indício pode ser acionado para responder à pergunta: o conteúdo mesmo dos textos. Nesse caso, a comunicação apresentada por Margarida Felgueiras e Inára Garcia no VIII Congresso Luso-Brasileiro de História da Educação, realizado no Maranhão em 2010, pode nos servir de guia.

As autoras debruçam-se sobre o volume 140, intitulado *O alphabeto natural*, de autoria do Abade de Arcozelo, saído em 1887. Nele, afiançam,

> [...] o pedagogo explicou seu método de leitura, apresentando os dezoito quadros parietais que o acompanhavam, respondeu às críticas dos opositores e transcreveu pareceres emitidos sobre sua obra por indivíduos de diferentes posições sociais, no sentido de comprovar as vantagens e eficácia do que considerava o verdadeiro método de leitura.[25]

Esclarecem ainda que o autor, no prólogo, elucida os motivos que o levaram a escrever para a coleção:

> Apresental-o na série dos livrinhos que constituem a Biblioteca do Povo e das Escolas é a um tempo acatar-lhe a indole e apro-

---

25 Felgueiras; Garcia, *Bibliotheca do povo e das escolas*: a circulação de ideias pedagógicas e a cultura material escolar em Portugal na segunda metade do século XIX, *Anais do VIII Congresso Luso-Brasileiro de História da Educação*.

prial-o ao seu natural destino – contribuindo no máximo para, pela difusão nas escolas, se attenuar entre nós a deprimente e vergonhosa (por enorme) percentagem de analphabetos.[26]

Ao buscar a *Bibliotheca do povo e das escolas* como veículo de exposição de suas ideias e meio de rebater as acusações que vinha recebendo de plágio da *Cartilha Maternal* de João de Deus, o Abade de Arcozelo evidenciava a penetração social e escolar da coleção de David Corazzi. De fato, as autoras constatam a presença da *Bibliotheca do povo e das escolas* em inventários de diferentes escolas elementares e normais portuguesas, informação corroborada por Carlota Boto.[27]

Jorge Carvalho do Nascimento,[28] por sua vez, relata que em 1888 o escritor português José Duarte Ramalho Ortigão, em artigo publicado na *Gazeta de Notícias*, do Rio de Janeiro, acerca da Exposição Industrial de Lisboa, referia-se à *Bibliotheca do povo e das escolas* como "uma das mais completas e das mais perfeitas bibliotecazinhas escolares que eu conheço".

Aliás, é também Nascimento que nos informa sobre o rápido aumento das tiragens, passando de 6 mil exemplares nos dois primeiros volumes para, a partir do terceiro volume, 12 mil, e do volume 10 para 15 mil exemplares. Ainda, recorda que, em 1909, A Editora, que assumiu os negócios de David Corazzi, estabeleceu filiais em São Paulo e Belo Horizonte, e que em 1913 a Livraria Francisco Alves iniciou a distribuição dos livros da *Bibliotheca do povo e das escolas*, mais um indício da extensão de sua circulação no território brasileiro e de sua possível incorporação pelo universo escolar. O cuidado com a materialidade do impresso, especialmente no empenho do editor em superar a fragilidade do suporte por meio da

---

26 Ibid.

27 Boto, *A escola primária como rito de passagem:* ler, escrever, contar e se comportar, p.329.

28 Nascimento, Nota prévia sobre a palavra impressa no Brasil do século XIX: a *Biblioteca do povo e das escolas, Revista Horizontes*, p.11-28.

encadernação cartonada, consiste em outro vestígio que franqueia supor a presença da coleção em bibliotecas escolares brasileiras. Resta saber se de escolas elementares, como ocorreu em Portugal.

Escapou, também, às análises o que os consumidores *fabricaram* com os artefatos que lhes foram distribuídos; ou seja, os modos como os sujeitos se apropriaram dos livros constitutivos da *Bibliotheca do povo e das escolas*. A materialidade do impresso permite indiciar alguns de seus usos ou, como diria Michel de Certeau, o repertório com o qual os usuários procedem a operações próprias. A investigação ateve-se ao desvendamento das estratégias editoriais. As táticas operadas pelos sujeitos não foram acessadas, visto que implicariam a frequência a outros documentos ou a localização de restos deixados pelos consumidores no material consultado, o que não foi possível.

O que se pode dizer com certeza é que o empreendimento comercial iniciado por David Corazzi foi bem-sucedido, não apenas porque permaneceu ativo mesmo depois de sua morte, com tiragens crescentes e expressivas, mas porque inovou nas formas de comercialização do produto, ampliando o espaço de circulação da coleção para além de Portugal e Brasil, onde havia sedes da editora, com abrangência às colônias portuguesas na África e Ásia.

O estudo da *Bibliotheca do povo e das escolas* possibilitou perceber a ativação de mecanismos correntes de propaganda de artefatos escolares no século XIX, apreciados em outras investigações, com destaque à divulgação em jornais, almanaques ou participação em exposições pedagógicas. Ao mesmo tempo, demonstrou a falta de especialização dos representantes comerciais e dos pontos de venda, sinalizando para a inventividade do comércio livreiro na superação dos entraves à distribuição de seus produtos. Corroborou, assim, para o alargamento da compreensão sobre a produção e o consumo da cultura material e da cultura material escolar no Oitocentos no Brasil (e em Portugal), bem como sobre a atuação da empresa editorial nos dois países, agregando elementos de interesse à história econômica da escola.

# 8
## MONOPÓLIOS E CARTÉIS: O SYNDICAT COMMERCIAL DU MOBILIER ET DU MATÉRIEL D'ENSEIGNEMENT[1]

A Segunda Revolução Industrial, iniciada em meados do século XIX, teve como características a busca de descobertas e invenções, o consumo de bens industrializados e uma intensa circulação de mercadorias produzidas, principalmente, nos Estados Unidos e na Europa, como mencionado nos capítulos anteriores. A produção em larga escala permitia a exportação, o desenvolvimento tecnológico assegurava o transporte e a burocracia estatal, em auxílio às empresas, mobilizava o arsenal diplomático com o fito de garantir o sucesso nesse movimento que se configurou como uma verdadeira guerra comercial. As Exposições Universais, surgidas em 1851, constituíram-se na manifestação visível desse progresso material, oferecendo-se como vitrines para o comércio internacional.

Se muito já se publicou sobre os impactos da Segunda Revolução Industrial nas diversas áreas, ainda pouco se sabe sobre os efeitos provocados no âmbito educacional. Decerto há uma ampla gama de artigos que discutem a importância das Exposições Uni-

---

1 Este texto foi publicado inicialmente como Alcântara; Vidal, The Syndicat Commercial du Mobilier et du matériel d'Enseignement and the transnational trade of school artefacts (Brazil and France in the late nineteenth and early twentieth centuries), *Paedagogica historica*, p.84-98.

versais para a disseminação de modelos pedagógicos e para a circulação de sujeitos e objetos educativos. No entanto, os meandros desse comércio ainda estão para ser desvendados.

As leis de obrigatoriedade escolar para a infância; a propagação da proposta de grupos escolares e de ensino simultâneo, inspirada no trabalho seriado e ritmado das fábricas; e o método de lições de coisas, apoiado em uma intensa demanda material, emergiram em diversos países, constituindo o que se concebia por uma escola primária eficiente. Impossível não perceber nessas novas concepções educacionais o influxo das teorias que respaldavam a Revolução Industrial. Não à toa, a escola também passou a ser vista como de massa, um mercado favorável e aberto a uma nova modalidade de indústria, a indústria escolar. Museus escolares, carteiras escolares, armários, fuzis de madeira, aparelhos de ginástica, esqueletos, globos, aparelhos óticos, ferramentas, espécimes de zoologia e botânica, dentre muitos outros artefatos, passaram a ser produzidos para atender a essa nova demanda e, ao mesmo tempo, incentivar um novo ciclo de consumo.

Compreender a escolarização no final do Oitocentos como parte da história econômica é o principal objetivo deste livro. Assim, não nos deteremos na dimensão pedagógica dos objetos escolares comercializados. Interessa-nos perscrutar o trânsito transnacional dessas novas mercadorias. Para tanto, distinguimos, neste capítulo, outro agente, compondo com os demais referidos nos capítulos anteriores o mosaico das relações policêntricas às quais temos nos remetido no âmbito de uma abordagem transnacional. Discorreremos, aqui, sobre o Syndicat du Matériel e du Mobilier Scolaire de l'Enseignement.

O texto está dividido em duas partes. Na primeira, almejamos apresentar o Syndicat e seus representantes. O propósito é perceber como foi se estruturando uma organização comercial, empresarial e industrial, tendo a escola como cliente e consumidor privilegiado. Na segunda parte, tomamos a documentação encontrada no interior da Escola Normal de São Paulo para compreender os procedimentos mobilizados para aquisição e importação dos materiais didáticos no Brasil.

Com esse movimento pendular, o capítulo se alinha à perspectiva da história transnacional da educação. Para Bagchi, Fuchs e Rousmaniere, os processos de globalização requerem novas pesquisas que vão além das narrativas históricas tradicionais baseadas no Estado-nação. De acordo com Eckhardt Fuchs,[2] o espaço não pode ser visto como uma categoria objetiva, mas como "uma forma de representação e interpretação espacial coletiva do grupo social e da comunidade". Segundo ele, a abordagem da história transnacional, como história para além das fronteiras, conjuga três aspectos: a) centra-se não em espaços nacionais, mas em espaços que são mutáveis; b) considera os contextos das dependências, relações e envolvimentos transnacionais; c) examina o desenvolvimento da nação como um fenômeno global.

Com sua atuação ligando espaços tão distantes quanto França, Brasil, México e Canadá, o Syndicat constitui um caso exemplar de história transnacional da educação. Seu estudo permite não apenas rastrear a produção de um modelo global de ensino moderno, mas também fazer uma análise transnacional da emergência da escola moderna, forma dominante de organização do ensino, particularmente no campo desafiador da educação em massa, como quer Marcelo Caruso.[3] Faculta acompanhar os mecanismos e as peças com as quais se estruturou a escola enquanto "máquina para educar". O termo é usado por Pineau, Dussel e Caruso[4] para se referirem à escola, nascida no contexto político dos estados liberais no Ocidente com a ascensão da burguesia, como uma espécie de "linha de montagem" de mentalidades e consciências. Ao mesmo tempo, oferece pistas para perceber as sínteses locais e as apropriações singulares feitas ao modelo hegemônico de escola primária.

---

2 Fuchs, Networks and the History of Education, *Paedagogica Historica*, v.43, p.185-97.

3 Caruso, *Classroom Struggle:* Organizing Elementary Teaching in the Nineteenth Century.

4 Pineau; Dussel; Caruso, *La escuela como máquina de educar:* tres escritos sobre un proyecto de la modernidade.

# O Syndicat du Matériel et du Mobilier Scolaire de l'Enseignement e seus representantes no Brasil

Nós estivemos em contato há alguns dias com o representante de um sindicato francês, que acaba de chegar ao país e se propôs a visitar várias regiões do novo continente, o representante do Syndicat du matériel et du mobilier de l'enseignement de Paris. Este agente nos informou que fará uma exposição completa no México de amostras de materiais didáticos utilizados nas escolas primárias de Paris, e que ele repetirá esta exposição nas principais cidades da América do Sul incluídas em seu itinerário. Estamos convencidos de que esta exposição será frutífera nos resultados e que o sindicato francês em questão não terá que se arrepender de seus sacrifícios pecuniários. É de se esperar que esse sindicato tenha muitos imitadores e que todos os nossos fabricantes penetrem nessa realidade inegável: a de que a melhor maneira de criar um cliente é buscá-lo em seu domicílio, e que, para obter pedidos, é preciso criar a demanda e não apenas atendê-la. Somente quem semeia colhe.[5]

O excerto anterior trata do Syndicat du Matériel et du Mobilier Scolaire de l'Enseignement e foi retirado do relatório do cônsul da

---

5  No original: "*Nous nous sommes trouvé en rapports, il y a quelques jours, avec le représentant d'un syndicat français qui vient d'arriver dans le pays et se propose de visiter diverses régions du nouveau continent, le représentant du Syndicat du matériel e du mobilier scolaire de l'enseignement de Paris. Cet agent nous a informé qu'il va faire à Mexico une exposition complète d'échantillons du matériel d'enseignement en usage dans les écoles primaires de Paris, et qu'il renouvellera cette exposition dans les principales villes de l'Amerique du Sud comprises dans son itinéraire. Nous sommes convaincu que cette exposition será feconde en résultats et que le syndicat français dont il s'agit n'aura point à se repentir de ses sacrifices pécuniaires. Il est à desirer que ce syndicat ait de nombreux imitateurs et que tous nos fabricants se pénètrent bien d'une indéniable réalité: c'est que le meilleur moyen de se créer une clientèle est d'aller la chercher à son domicile, et que, pour obtenir des commandes, il faut les solliciter et non les attendre. On ne récolte que si l'on a ensemencé.*" France. Ministère du commerce. *Bulletin consulaire français: recueil des rapports commerciaux adressés au Ministère des affaires étrangères par les agents diplomatiques de France à l'étranger*, p.514-5.

França em Vera Cruz (México), um documento da Biblioteca do Ministério dos Negócios Estrangeiros da França, publicado em 1891. A partir dele é possível saber que o Syndicat atuava em diversos países, que essa atuação se dava por meio de representantes comerciais e que tinha como objetivo expandir a cultura e o comércio franceses pela negociação de mobílias e materiais escolares produzidos por empresas francesas.

Por ora, foi possível localizar a atuação do Syndicat em países como México, Canadá e Brasil (São Paulo, Rio de Janeiro e Bahia). O próprio cônsul de Vera Cruz destaca a pretensão de montar uma exposição de materiais de ensino franceses nas principais cidades da América do Sul. Os representantes do Syndicat no México possivelmente alcançaram seus intentos, pois de acordo com dados do Arquivo Histórico de Puebla,

> O Colegio del Estado tampouco foi estranho às reforma acadêmicas. De 1894 a 1910, durante a direção de J. Rafael Izunza, viveu uma época dourada. O gabinete de Física – criado em 1870 – e sua derivação inicial, o Observatório astronômico e meteorológico, receberam o maior impulso. Os gabinetes de História Natural e Histologia e Bacteriologia... o ginásio, a Biblioteca Lafragua; todos foram sortidos com os melhores elementos trazidos dos Estados Unidos e da Europa. Ainda em 1923, o Colegio del Estado devia a *Le Syndicat Commercial du mobilier et du Materiel d'Enseignement de París* 2.750 francos.[6]

A mais importante escola de Puebla no século XIX era conhecida como Colegio del Estado e, tempos depois, se transformaria

---

6 No original: *"El Colegio del Estado tampoco fue ajeno a las reformas académicas. Desde 1894 hasta 1910, durante la dirección de J. Rafael Izunza, vivió una época dorada. El gabinete de Física – creado en 1870 – y su derivación inicial, el Observatorio astronómico y meterológico recibieron el mayor impulso. Los gabinetes de Historia Natural e Histología y Bacteriología... el gimnasio, la Biblioteca Lafragua; todos ellos fueron surtidos con los mejores elementos traídos de los Estados Unidos y Europa. Todavía en 1923 el Colegio del Estado adeudaba al Le Syndicat Commercial du mobilier et du Materiel d'Enseignement de París 2750 francos."*

na Universidade de Puebla, com sofisticados gabinetes de Física e de Biologia Médica. Possivelmente, foram montados por intermédio do representante do Syndicat, já que, adentrado o século XX, a instituição devia uma quantia de 2.750 francos àquela organização.

O destaque do cônsul na atuação do Syndicat, em um contexto de discussão de aumento das exportações francesas para o México e outros países, põe em evidência, de um lado, a dimensão econômica da escola de massas; de outro, o lugar que essa organização assumia para os interesses econômicos e culturais da França.

No *Boletim Mensal da Câmara de Comércio Francesa em Montreal* encontra-se a informação de que o "Syndicat Commercial du Mobilier et du Matériel d'Enseignement, localizado no Boulevard St-Germain, 117, em Paris, demanda um representante no Canadá",[7] indicando a atuação dessa organização comercial também naquele país.

Quanto ao Brasil, temos a informação de que foi designado Joseph Joachim Louis de Gonzalves como representante do Syndicat Commercial du Mobilier et du Matériel d'Enseignement na Bahia.[8] No Rio de Janeiro, entretanto, localizamos a maior incidência de referências. Os primeiros representantes comerciais do Syndicat identificados foram os franceses Charles Vautelet e Etienne Collet.[9] A eles se somaria mais tarde Louis Conseil.

Na propaganda publicada por Collet, em 1893, temos as primeiras pistas de como se constituía o Syndicat.[10] O anúncio foi incluído na categoria "Industriais e profissionais do Brasil" do *Alamanck Administrativo, Mercantil e Industrial do Rio de Janeiro*. Na relação das empresas francesas representadas pelo Syndicat per-

---

7 Chambre de Commerce Française de Montréal, Le Syndicat Commercial du Mobilier et du Matériel d'Enseignement, 117 Boulevard St-Germain, à Paris, demande un représentant au Canada, *Bulletin Mensal*, n.127, p.23.

8 *Désignation à Bahia de Joseph Joachim Louis de Gonzalves, comme représentant du syndicat commercial du mobilier et du matériel d'enseignement.* Inventaire de la correspondance consulaire et commerciale de Bahia, v.9.

9 Alcântara, Por uma história econômica da escola, p.150-7.

10 *Almanak Administrativo, Mercantil e Industrial do Rio de Janeiro*, 1893, p.1893.

cebemos o ramo do comércio em que atuavam e os produtos que forneciam no Brasil. Tratava-se de materiais para o ensino intuitivo das mais variadas disciplinas, como globos e mapas para o ensino de Geografia; instrumentos para laboratório, de precisão, de física, produtos químicos para as aulas de Física e Química; compassos e esquadrias para Matemática e Desenho; modelos e coleções para composição de museus escolares para o estudo da História Natural. Também reconhecemos os clientes potenciais: escolas públicas e particulares, laboratórios, higiene pública, faculdades de medicina, escolas superiores etc.

No Capítulo 3, demonstramos que algumas empresas estrangeiras, com destaque para a Maison Deyrolle, foram importantes fornecedoras de museus escolares e recursos didáticos para o ensino intuitivo a escolas brasileiras. No entanto, para além da divulgação de seus catálogos e do trabalho dos representantes comerciais, essas empresas se organizaram em "sindicatos", criando verdadeiros monopólios para fornecimento de objetos escolares em tempos modernos.

A representação comercial integra "a categoria dos chamados contratos de colaboração empresarial".[11] São contratos entre empresários, um representado, e o outro, representante; um fabricante, e o outro, distribuidor. Para entender melhor o circuito dessa colaboração empresarial, tomemos os representantes comerciais que atuaram no Brasil no final do Oitocentos.

Charles Vautelet,[12] a princípio um negociante individual, parece ter lucrado o suficiente para constituir uma empresa. Tratava-se da Sociedade Mercantil Solidária que celebraram entre si Charles Etienne Joseph Vautelet (60%), Paulo Moreira da Silva e João Pedro Fausto de Alcantara. A Razão Social era E. Charles Vautelet e Comp. e poderia ser usada por qualquer um dos sócios. O objeto era a "importação, comissões, consignações, representações de

---

11 Franco, *Contratos*: direito civil e empresarial, p.253.
12 *Almanak Administrativo, Mercantil e Industrial do Rio de Janeiro*, 1895, p.1323.

drogarias e fábricas estrangeiras, como qualquer outro negócio que apresente vantagem para a sociedade".[13]

O documento da Série Indústria e Comércio traz outro resumo das atividades sociais: "Comercio – conta própria, agencia e representações de casas européas"; bem como o endereço: "Domicilio – Rua do Hospicio n.107"; e a data de começo das operações: 1 de janeiro de 1895, sendo que o Contrato social – "foi archivado em 7 de março de 1895".

O começo das operações da sociedade foi em 1º de janeiro de 1895. No entanto, no *Livro de correspondências da Escola Normal Caetano de Campos*, em São Paulo, localizamos documentos que confirmam que o sr. Charles Vautelet, antes da formação da sociedade, já realizava o comércio de produtos europeus. Em 17 de outubro de 1894, ele havia intermediado a aquisição de aparelhos de ginástica[14] para a referida instituição e, em 4 de dezembro do mesmo ano, de instrumentos de mecânica e astronomia.[15]

É importante notar que, até o fim do ano de 1894, no *Livro* consta apenas o nome do sr. Charles Vautelet e não a firma social – E. Charles Vautelet e Comp., como registrado em uma fatura de 22 de março de 1895. É provável que o acúmulo de experiência no ramo de representação de casas comerciais tenha lhe proporcionado a oportunidade de formação da sociedade. Também é possível que a busca por um parceiro comercial no Brasil visasse facilitar o empreendimento e ampliar o negócio. Afinal, na rescisão do contrato pela retirada do sócio João Pedro Fausto de Alcantara, feito ainda em 1895, se esclarece que continuava "a firma a gyrar sob a mesma razão até a forma designada no referido contrato"[16] e que os

---

13  Arquivo Nacional, *Livro de registro de firmas commerciais*, na forma do art. 11 do Dec. n.916, de 24 de outubro de 1890. Junta Comercial da Capital Federal, 15 jan. 1895.

14  Acervo histórico da Caetano de Campos em São Paulo – Livro de Correspondências da Escola Normal Caetano de Campos. Secretaria da Escola Normal da Capital, 1894, ofício n.98.

15  Ibid., ofício n.115.

16  Arquivo Nacional, Junta Comercial. Ano – 1897; Livro 342; Registro 45181 – Charles Vautelet & Cia.

sócios remanescentes viviam em cidades situadas nos dois lados do Atlântico. Charles Etienne Joseph Vautelet era residente em Paris, enquanto Paulo Moreira da Silva morava no Rio de Janeiro. Ambos tomaram a si toda a responsabilidade do ativo e passivo.

No *Almanak administrativo, mercantil e industrial do Rio de Janeiro* há informações sobre E. Charles Vautelet. No ano de 1891, aparece citada como "Empreza Geral de Anúncios".[17] No mesmo ano, na seção de agentes comerciais, é referida como "agentes de drogas, produtos chimicos, preparações pharmaceuticas, vasilhame, utensilos e aparelhos para pharmacia, tintas e vernizes".[18] Em 1895, a empresa consta no Grupo 6 – Indústria, com grande anúncio, como representante de uma indústria de material e mobília escolar, sediada em Paris, e que os fornece para escolas superiores, museus etc.[19] No ano seguinte, encontra-se simultaneamente no rol das drogarias e como representante no Rio de Janeiro de indústria de material e mobília escolar, localizada em Paris: Maison Paul Rousseau & Cia. (16, Rue des Fossés, St. Jacques). Entre 1897 e 1898, no *Almanack Laemmert*, veicula-se a notícia de que Charles Vautelet & Comp., situado à Rua do Hospício, n.107, é o representante das casas Ch. Delagrave, M. Deyrolle, dentre outras.

O trabalho de representação de Vautelet, portanto, não se atinha a objetos escolares. O comércio e a intermediação com as empresas francesas envolviam também produtos químicos e farmacêuticos. Esse expediente era costumeiro na atuação dos demais representantes, demonstrando que, se o ramo da educação se constituía em um lucrativo negócio, isoladamente não sustentava a estrutura da empresa. Revela ainda que os representantes não eram especializados no comércio escolar. Ao contrário, percebiam nos objetos didáticos apenas seu valor de mercadoria, reforçando as conclusões a que chegamos no Capítulo 7, quando tratamos do comércio livreiro.

---

17 *Almanak Administrativo, Mercantil e Industrial do Rio de Janeiro*, 1891, p.512.
18 Ibid., 1891, p.500.
19 Ibid., 1895, p.1323.

Tal qual Charles Vautelet, Etiénne Collet atuou em diversos ramos do comércio no Rio de Janeiro, além da representação do Syndicat. Pelo *Almanak administrativo, mercantil e industrial do Rio de Janeiro* (1894, 1895, 1896, 1897, 1898), sabe-se que Collet era um negociante versátil. Ele atuava como engenheiro civil, representante comercial e, ainda, possuía um depósito de móveis e trastes.

No entanto, Collet, também de origem francesa, não havia se estabelecido inicialmente na cidade do Rio de Janeiro. Seu primeiro registro refere-se a um estabelecimento comercial em São Paulo, situado à Rua XV de Novembro, centro da cidade, dedicado à venda de joias, bijuterias e relógios. Em 1890, entretanto, a loja foi destruída por um incêndio. Apenas depois de receber a verba indenizatória é que ele se mudou para o Rio de Janeiro e ingressou na atividade de representação comercial.

Em 1892, no *Jornal do Commercio*, fez publicar a notícia de seu regresso de viagem à Europa e participou da abertura de escritório à Rua 1º de Março, n.78, zona central da cidade do Rio de Janeiro, para atuar como representante das seguintes casas: A. Champigny & Comp.; J. Ruch & Fils, Syndicat Commercial de Material e Mobiliário Escolares, todas de Paris. À época, Collet se afirmava como único representante do Syndicat no Rio de Janeiro. Em 1899, passou a proclamar-se como único para todo o Brasil. Teria ele de fato assumido a representação em todo o território nacional, inclusive tomando os encargos de Joseph Joachim Louis de Gonzalves na Bahia?

Aparentemente, Collet vinha ampliando seus negócios, não apenas em termos territoriais, mas também em ramos de especialidade. Em 1895, no *Diário de Pernambuco*, publicou um anúncio dedicado "à ilustre classe médica da cidade de Recife". Na oportunidade, apresentava-se como representante de outro sindicato, agora da indústria farmacêutica francesa, e oferecia amostras de produtos para experimentação em clínicas.

Em carta enviada à Escola Normal Caetano de Campos, em São Paulo, temos uma pista de como ele poderia viabilizar negócios em várias cidades. O ofício era assinado por J. Dreyfus que, na "qualidade de procurador e substituto do sr. Collet na Agencia do Syndicato De Material Escolar", punha-se à disposição da escola "para mandar vir da Europa os objetos de que V. Sa. poderá precisar e as suas encomendas serão sempre executadas com urgência e brevidade".[20]

Ao contrário de Charles Vautelet, Etienne Collet era residente no Rio de Janeiro, fato corroborado por diferentes fontes. Entretanto, fazia viagens constantes à França, expediente que se ampliou com o falecimento de sua filha Lucie Halut Collet, em 1896, e o consequente retorno de sua esposa a Bordeaux no mesmo ano. O estabelecimento de procuradores poderia objetivar aumentar a lucratividade do negócio e a continuidade de atendimento à clientela em suas ausências por viagem.

Surpreendentemente, no mesmo ano em que Collet diz ter a representação única do Syndicat para todo o Brasil, Louis Conseil publica nota em que se afirma como representante do mesmo Syndicat. Conseil é um negociante especializado em vinhos. Assim indica a quantidade expressiva de anúncios desse produto nos jornais cariocas, localizados na base da Hemeroteca Digital da Biblioteca Nacional. Sua atividade como representante do Syndicat sinaliza que não menos rentável deveria ser o comércio de objetos escolares.

Em anúncio publicado em 1899 no jornal *A Notícia*, do Rio de Janeiro, Conseil informa que tem à disposição novidades introduzidas no ensino, de acordo com o padrão de consumo europeu. Quando se comparam as propagandas publicadas por Collet àquelas de Conseil, percebe-se a exclusão de algumas empresas e a inclusão de outras. Porém, em ambas, Delagrave e Deyrolle são listadas entre os primeiros fornecedores. Esta última, pela descrição dos produtos que oferece, se destacava pelo fornecimento de materiais para o ensino intuitivo, museus escolares e pedagógicos. Isso pode ser confirmado em outro anúncio do mesmo ano, onde se lê: "Les fils d'Emile Deyrolle. – Pranchas muraes de collecções de historia

---

20 Apesp, Série Manuscritos. Secretaria do Interior. Escola Normal. Ano 1892.

natural, zoologia, botanica, mineralogia, anatomia, museus escolares, collecção completa de peças de anatômicas desmontáveis".[21]

É elucidativo notar que nos anúncios, publicados em jornais do Rio de Janeiro, para venda de vinho Bordeaux e outras bebidas premiadas na Exposição Universal de Paris, em 1889, até o ano de 1899, Conseil aparece como empresário individual. A partir desse ano, ele constitui uma sociedade empresária com o irmão Maurice Conseil, que se torna representante do Syndicat. Em propaganda publicada em 1901, o realce não recai na relação das empresas que compõem o Syndicat. A sociedade empresária Louis Conseil & Frére destaca a venda de materiais de ensino, destinados ao ensino intuitivo das ciências naturais, como os gabinetes de Física, História Natural e Química, e os museus escolares. É razoável considerar que, dentre os materiais de ensino, esses produtos se tornaram "carro-chefe" de ofertas e demandas. O adendo "de todos os preços", incluído no anúncio, para museus escolares não deixa de ser uma estratégia comercial visando ampliar as vendas. Assim, se a aquisição de um museu escolar completo poderia ser um investimento de vulto, a sociedade empresária oferecia produtos mais acessíveis, atendendo aos diversos orçamentos de escolas e particulares.

Quanto à constituição dessa sociedade empresária, vale mencionar que, embora do ponto de vista formal fosse composta pelos irmãos Louis e Maurice, pode-se supor que, de algum modo, também estivesse relacionada à irmã Esperance Conseil. Em 1889, o jornal *O Paiz* (Rio de Janeiro) noticia a entrada no Brasil de Louis Conseil, Maurice e Esperance Conseil, provavelmente irmãos, vindos de Bordeaux.[22] Esperance aparece no *Jornal do Commercio*, em 1895, como Esperança Consceil Vautelet, fazendo parte de um grupo de mulheres responsáveis pela zeladoria do asilo no Rio de Janeiro. Ela emerge também em 1915 como Esperance Vautelet, em uma relação dos parentes que convidavam para a missa de sétimo dia de Gabriel Louis Conseil.

---

21  Jornal *A notícia* (RJ), 14 nov. 1899, p.2.

22  Jornal *O Paiz* (RJ), 24 set. 1889, p.3.

Esses dados tornam plausível a existência de alguma relação de parentesco ou proximidade significativa entre as famílias Vautelet e Conseil. Se a família Vautelet, no início da década de 1890, adquiriu experiência na representação comercial do Syndicat, no fim da década o negócio se perpetuou, passando de uma família a outra. Essa afirmação corrobora o entendimento de que esse ramo do comércio foi se tornando lucrativo a ponto de suscitar um monopólio familiar.

Possivelmente Maurice Conseil, ao contrário dos irmãos, não fixou residência no Brasil. Em anúncio datado de 1901, Luis Conseil, ao voltar de mais uma viagem à Europa, informa que seu sócio Maurice Conseil está a cargo da filial Boulevard de Capderan, em Bordeaux. A menção reiterada a Bordeaux não é acidental: evidencia a atuação dos irmãos no comércio de vinhos.

Aponta também um dos aspectos do comércio transatlântico: os navios, denominados à época paquetes ou vapores. O vapor Corrientes compunha a frota da "Chargeurs Reunis (Sociedade Anonima) – Companhia Francesa de Navegação a Vapor", com serviço regular para o Brasil e o Rio do Prata.[23] O Brésil e o Equateur ligavam as cidades de Buenos Aires, Montevidéu, Rio de Janeiro, Salvador e Recife a Lisboa e Bordeaux. O interesse do Syndicat por um representante na Bahia e o anúncio de Collet publicado em Pernambuco conferem com os pontos da rota marítima e denunciam a logística da distribuição das mercadorias. A permanência nos portos facilitava os contatos comerciais. Se a pretensão do Syndicat era estabelecer um representante nas principais localidades da América do Sul, é ainda muito possível que encontremos relação entre os representantes brasileiros e aqueles situados na Argentina e no Uruguai.

Nesse sentido, podemos compreender que, mesmo estando sediados no Rio de Janeiro, a esfera de atuação dos representantes Etienne Collet, Louis Conseil ou Charles Vautelet nunca tenha se

---

23 *Almanak Administrativo, Mercantil e Industrial do Rio de Janeiro*, 1891, p.1452.

circunscrito a essa região. Para além das cidades de Salvador e Recife, os ofícios da Escola Normal Caetano de Campos, que tratam das compras efetuadas por intermédio desses representantes e do Syndicat, atestam que atuavam em São Paulo. A distância entre as duas cidades podia ser percorrida facilmente por trem e o acesso, também por trem, do porto de Santos a São Paulo facilitava o transporte de mercadorias.

A disputa de mercado e de negociação e contratação com a administração pública talvez tenha gerado, pelo menos, duas dissonâncias na publicidade e atuação das empresas e de seus representantes. A primeira tem a ver com a concomitância de atuação desses sujeitos, mesmo quando se afirmam como únicos representantes. Em 1892, por exemplo, Charles Vautelet se anuncia como representante do Syndicat no *Almanak administrativo, mercantil e industrial do Rio de Janeiro*, ao passo que Etiénne Collet, em volta de viagem da Europa, participa que abriu escritório no Rio de Janeiro como representante das casas A. Champigny & C. e J. Ruch & Fils, e do Syndicat Commercial de Material e Mobiliário Escolares.[24]

A segunda é a provável inexistência de cláusulas de barreiras para que as empresas que compunham o Syndicat contratassem representantes avulsos ou próprios, à parte dessa representação empresarial coletiva. Embora ainda não se tenha muitos elementos para compreender a natureza jurídica do Syndicat, é provável que uma de suas atribuições e esfera de atuação era a fixação de uma política de preços para as empresas que disputavam o mesmo nicho de mercado. Nesse sentido, de acordo com o *Bulletin consulaire français*, no período "a maior parte das sociedades por ações que se formaram foram criadas sob uma perspectiva política protecionista e na esperança de poder manter os preços por formação de sindicatos de venda; pode-se duvidar da duração da eficácia de tais fatores".[25]

---

24 *Jornal do Comercio*. Rio de Janeiro, 23 jul. 1892.

25 France. Ministère du commerce. *Bulletin consulaire français:* recueil des rapports commerciaux adressés au Ministère des affaires étrangères par les agents diplomatiques de France à l'étranger, p.151.

Pelos levantamentos realizados até o momento, cabe sustentar que, mais que uma política protecionista, esse sindicato funcionava como um cartel, uma prática que cresceu durante a Revolução Industrial, na segunda metade do século XIX. O que se observa neste chamado Syndicat é a reunião de empresas concorrentes que fixam preços e dividem clientes e mercados de atuação, eliminando outros concorrentes e elevando os preços a fim de obterem mais lucros. São práticas comerciais que visam à formação de monopólios em prejuízo do consumidor.

Ainda não foi possível comparar os preços cobrados para aquisição de um material escolar pelo confronto de informações dos catálogos de diferentes empresas. O procedimento permitiria avaliar se, na passagem do século XIX ao XX, empresas francesas do ramo da indústria escolar celebraram acordos para criar monopólios de fornecimento de mobília e material de ensino. Mas é sabido que, para concorrer com a Inglaterra e a Alemanha, na segunda metade do Oitocentos, a França montou uma rede, constituída por comércio e a representação consular, que elevou o país ao patamar de segundo maior fornecedor de produtos ao Brasil no período, como evidenciamos no Capítulo 3.

A indústria escolar, por certo, não estava alheia a esse circuito. Ao contrário, as fontes sinalizavam que a escola havia se tornado um mercado consumidor importante e lucrativo para as empresas. A documentação localizada na Escola Normal Caetano de Campos, em São Paulo, corrobora essa percepção, como se verá a seguir.

## O Syndicat du Matériel et du Mobilier Scolaire de l'Enseignement e o fornecimento de artefatos escolares como mercadoria

A lente agora se inverte. Em lugar de se concentrar nas estratégias de propaganda e comércio estabelecidas pelos representantes e pelo Syndicat, nosso intuito é escrutinar as maneiras como se deu a aquisição desses bens. Para tanto, verificamos a documentação produzida no âmbito da administração pública e nos interrogamos sobre os modos de efetivação da compra dos objetos dedicados ao ensino intuitivo, por meio de representantes do Syndicat.

A análise da série de ofícios da Escola Normal Caetano de Campos mostra que um dos procedimentos de compra consistia na troca de correspondências entre os representantes e a direção da escola ou da Secretaria do Estado dos Negócios do Interior, órgão do governo do estado de São Paulo, responsável pela administração da educação pública. Essa documentação evidencia uma rede de sujeitos, negociantes, empresários, administradores públicos, professores, dentre outros, envolvida nas demandas de equipar as escolas públicas com os mais modernos recursos didáticos, que nesse processo assumem a característica de mercadorias.

Por conta do governo do estado corriam as despesas com compra e encaixotamento e com o transporte da Europa até o Rio de Janeiro ou Santos e da Alfândega até a escola. Pelo ofício de n.31, de 1º de maio de 1894, o diretor da Escola Normal, Gabriel Prestes, informa ao secretário do Estado dos Negócios do Interior que a encomenda consistia em três caixas com peças anatômicas. No ofício de n.38, de 9 de maio de 1894, acrescenta que são "peças de anatomia humana e comparada, e de modelos de frutas e flores, encomendadas para esta escola á casa Emile Deyrolle de Paris".[26]

Em 18 de maio, J. Dreyfus, que, como vimos, atuava como procurador e substituto de Collet, informa a Gabriel Prestes o recebimento da encomenda. Apenas cinco dias depois, o diretor da Escola Normal solicita a expedição de ordem para que pelo Tesouro do Estado fosse efetuado o pagamento da quantia devida a Etienne Collet. A relação das peças de anatomia e dos modelos de frutos e flores com respectivos preços e um catálogo dos produtos da empresa Émile Deyrolle acompanham o pedido.

Essa é apenas uma das muitas encomendas efetuadas pela Escola Normal Caetano de Campos a Etienne Collet, confirmando

---

26  Apesp, Série Manuscritos, Secretaria do Interior, Escola Normal, ano 1892, caixa 530.

o poder do Syndicat de fortalecer as empresas do grupo e criar um monopólio de fornecimento de objetos escolares. Em 1893, a Secretaria do Estado dos Negócios do Interior do Estado de São Paulo já havia feito uma encomenda a Collet de "apparelhos necessários ao ensino de physica, mechanica e chimica da escola normal", no valor de 4.486$760 réis mais despesas de encaixotamento e transporte".[27]

O detalhamento dos ofícios e das correspondências é profícuo para elucidar os procedimentos de compra, o investimento e o esforço da administração pública para equipar escolas com os mais modernos mobiliários e materiais escolares. Nesse sentido, além dos objetos escolares, esses representantes contribuíram para a constituição de novos espaços de aprendizagem nas instituições de ensino, como gabinete de Física, laboratório de Química e museus de História Natural. No ano de 1893, Gabriel Prestes solicita o pagamento da quantia de 4.486$760 a Etienne Collet pelo fornecimento de aparelhos necessários ao ensino de Física, Mecânica e Química.

Assim como Collet, Charles Vautelet também atuou na representação de empresas que forneceram artefatos escolares, para a Escola Normal Caetano de Campos. A maior ocorrência de fornecimento por intermédio de Vautelet se deu no ano de 1895, quando ele constituiu a Sociedade Comercial E. Charles Vautelet & Cie. Vendeu à Escola Normal Caetano de Campos objetos de ginástica e aparelhos para o ensino de Astronomia, Física e Química.

Um elemento que chama a atenção no caso de Vautelet é que ele fazia a representação de empresas concorrentes com as empresas do Syndicat, como a Paul Rousseau & Cie. Isso mostra que, de um lado, o Syndicat poderia potencializar o comércio das empresas consorciadas por uma proteção e garantia de mercado; por outro, não tinha a força de impedir que as empresas concorressem por fora, arregimentando ou aceitando outros parceiros comerciais, independentemente do trabalho dos representantes e do Syndicat.

---

27  Ibid.

Quanto a Louis Conseil, não se localizou na documentação da Escola Normal Caetano de Campos nenhum documento que fizesse referência direta à aquisição de objetos escolares por seu intermédio. Todavia, as propagandas publicadas no jornal *O Paiz* indiciam os procedimentos de compra. As aquisições poderiam ser feitas mesmo por aqueles que não residissem em São Paulo. Bastava requisitar os catálogos e a partir deles fazer os pedidos. Em um contexto sem rádio, televisão e internet, os jornais e os catálogos eram os veículos por excelência de divulgação e propaganda dessas novas mercadorias.

A disponibilidade de algumas delas em estoque, como as pranchas murais, mencionadas em anúncio, sinalizava a grande demanda e a certeza dos negociantes de que seriam vendidas. Juntamente com esses materiais impressos, as exposições, fossem as universais, as nacionais, as regionais, ou ainda no âmbito dos estabelecimentos comerciais ou do Pedagogium serviam de propaganda pelo fascínio que geravam nos consumidores, fazendo de certos artefatos não apenas objetos escolares, mas mercadorias cujo consumo era inquestionável.

Se a França era um exportador importante de objetos escolares para o Brasil, não foi o único. Em 1897, o *Jornal do Comércio* do Rio de Janeiro veicula um anúncio sobre o Collegio Abílio, no qual o diretor informa aos pais de família que

> Já se achão na Alfândega um material techinico completo para o ensino das sciencias physicas e naturaes, e novos aparelhos, instrumentos, mapas e colecções technologicas para o ensino intuitivo, encommanda feita ás principaes casas da Europa e dos Estados Unidos da América, por intermédio dos srs. Ch. Vautelet, Crashley & C., F. F. Braga (Telephone de ouro), desta praça.[28]

A menção às principais casas da Europa e dos Estados Unidos da América, associadas ao nome de Charles Vautelet, confirma

---

28 *Jornal do Commercio*, Rio de Janeiro, 26 jan. 1897, p.6.

que estes representantes não só atuavam como representantes de diversas empresas, não necessariamente consorciadas no Syndicat, como estabeleciam conexões com diversos países em busca de mercadorias para atender ao lucrativo mercado escolar. Nesse percurso, faziam circular produtos e modelos pedagógicos.

Esse movimento evidencia que a configuração da escola segundo padrões capitalistas, na sociedade pós-Revolução Industrial, não se limitava ao interior da sala de aula. Todo o funcionamento da escola, sobretudo os modos de aquisição de seus equipamentos, objetos e materiais, estava a ele associado. Não é exagerado afirmar que a padronização do mobiliário e dos materiais, garantida pela indústria, visava assegurar o caráter transnacional desse comércio. Por espelhamento, visava também homogeneizar os comportamentos, e disseminar valores e saberes vinculados ao modo de produção capitalista.

## Comentários finais

O nome do Syndicat aparece traduzido e/ou grafado de diversas formas. Em português, como Syndicato Commercial do Ensino e como Syndicato de Mobília e Materiais Escolares. Em francês, como Syndicat du Matériel et du Mobilier Scolaire de l'Enseignement e Syndicat du Mobilier et du Matériel Scolaire de l'Enseignement. É possível saber que se trata da mesma organização pelo endereço da sede social à Rua Saint-Benois, em Paris. Ainda não foi possível delimitar sua natureza jurídica, mas podemos afirmar que reunia um conjunto de empresas francesas dedicadas ao fornecimento de mobiliário e materiais para as escolas.

Ser representante de casas comerciais estrangeiras deveria ser um bom negócio. A comissão de Charles Vautelet & Cia. pela representação comercial da Paul Rousseau, por exemplo, era de 5%.[29] É compreensível que os representantes comerciais tenham esta-

---

29 Alcântara, *Por uma história econômica da escola*, p.157.

belecido seus negócios no Rio de Janeiro. Além de ser a sede do Império e, posteriormente, capital do país, seu porto era o "desaguadouro da atividade econômica da Província do Rio de Janeiro, Minas Gerais e parte da Província de São Paulo e o maior polo importador do país".[30]

Assim como no comércio mais geral, no âmbito da escola, os representantes comerciais, importadores e as casas comerciais eram, em sua maioria, imigrantes. Eles detinham o domínio das línguas estrangeiras. Porém, mais do que isso, construíram uma logística que facilitava o comércio transatlântico. Em geral, constituíam sociedades com irmãos ou parentes e mantinham residência nos dois países, dividindo as tarefas. Enquanto um sócio negociava com o Syndicat e as empresas francesas, o outro fazia a venda direta aos consumidores brasileiros. A estrutura permitia acompanhar o trânsito das mercadorias entre os continentes e a manutenção de um modelo de negócio familiar, corrente na Europa à época.

Por fim, é importante registrar que a forte presença dos cônsules na facilitação desse comércio demonstra que a venda/exportação dos artefatos escolares ultrapassava interesses pedagógicos e culturais e constituía verdadeiro interesse de lucro para as empresas e seus respectivos países. Impossível discordar de Martin Lawn quando afirma que as "empresas comerciais reconheceram a escola como lugar de publicidade e de desenvolvimento de novos clientes".[31] Ou de Juri Meda, quando assevera que escola de massa foi "uma 'máquina de educar' funcional para a nascente sociedade industrial [...] certamente um excelente investimento para as burguesias europeias".[32]

Um investimento que certamente não se restringiu à Europa, mas navegou para países tão distantes e com idiomas e culturas tão diver-

---

30 Costa, A questão fiscal na transformação republicana: continuidade e descontinuidade, *Economia e Sociedade*, p.141-73.

31 Lawn, *Materialities of Schooling*: Design, Technology, Objects, Routines (Comparative Histories of Education), p.146.

32 Meda, op. cit., 7-28.

sos como Brasil, México e Canadá. Para ampliar o potencial de venda de seus produtos, as empresas francesas investiram na tradução cultural de alguns artefatos escolares. A estratégia mobilizou parceiros locais, educadores e políticos da educação, como demonstramos nos capítulos anteriores.

Ao buscar operar com a análise transnacional, acompanhamos a reflexão de Jean-Pierre Saunier,[33] que distingue três principais enfoques. O primeiro refere-se à historização dos contatos entre comunidades, políticas e sociedades. O segundo remete ao reconhecimento das contribuições estrangeiras ao "design, discussão e implementação de recursos domésticos em comunidades, políticas e sociedades; e vice-versa, a projeção de recursos domésticos no estrangeiro". O terceiro enfoque lida com "tendências, padrões, organizações e indivíduos que viveram entre e através dessas autocontidas entidades que usamos como unidade da pesquisa histórica".

Foi assim que, ao tratarmos do Syndicat du Matériel et Mobilier Scolaire de l'Enseignement e de seus representantes comerciais, Charles Vautelet, Etiénne Collet e Louis Conseil, neste capítulo, exploramos a atuação desses mediadores na implantação transnacional do comércio de produtos educacionais. Ao insistirmos nas atividades realizadas por esses representantes, procuramos examinar o que significou viver entre culturas, países e mercados. A organização de empresas familiares foi uma das estratégias mobilizadas por esses sujeitos para nutrir as trocas internacionais. Ao escrutinar as iniciativas do Syndicat, de modo a criar monopólios para fornecimento de artefatos escolares e para operar como um cartel, pretendemos lançar luz sobre um ator ainda não percebido pelos historiadores da educação e destacar as possibilidades abertas pela história econômica para a história da cultura material escolar.

---

33 No original: "[...] the design, discussion and implementation of domestic features within communities, policies and societies; and, vice versa, the projection of domestic features into the foreign." Saunier, Globalisation. In: Iriye; Saunier (eds.), The Palgrave Dictionary of Transnational History: From the Mid-19th Century to the Present Day, p.461-2.

# Conclusão

Como afirmado na Introdução, este livro marca o percurso de 29 anos de investigação e de reflexão que se iniciou com o projeto "A escola na sua materialidade: estratégias e táticas (Distrito Federal, 1927-1930)",[1] em 1995, e se desenrola, atualmente, no âmbito do Projeto Temático "Saberes e práticas em fronteiras: por uma história transnacional da educação (1810-...)",[2] ambos liderados por Diana Vidal e apoiados pela Fapesp. A agência de fomento, aliás, também deu suporte aos estudos em nível de mestrado – projeto "As apropriações da Escola Nova e as representações do trabalho docente nas autobiografias de professoras (1920-1960)" –[3] e de doutorado – projeto "Corpo direito, espaço ordenado: a carteira escolar como dispositivo pedagógico e higiênico (São Paulo, final do século XIX e início do XX)" –,[4] de Wiara Alcântara. Nesse sentido, não há como negar o papel fundamental da Fapesp (aliás de todas as agências de fomento) para a produção de conhecimento no seio das humanidades e, neste caso particular, da história da educação.

---

1 Processo n.95/09361-6.
2 Processo n.18/26699-4.
3 Processo n.06/52770-0.
4 Processo n.10/01881-2.

Nos capítulos, a remissão a publicações anteriores demonstra a abrangência que as análises foram tomando ao longo do investimento de localização de fontes, diálogo com as historiografias nacionais e interlocução teórica com vários campos do conhecimento que foram se entrelaçando aos trabalhos da área de história da educação. A composição deste volume valeu-se de textos já editados e saídos em revistas ou livros, mas tratou-os de forma peculiar, recusando a submissão fiel ao formato original. Ou seja, os escritos passaram por reformulações, atualizações e, mesmo, reorganização de sua estrutura. Repetições foram suprimidas, trechos foram deslocados. Enfim, foram revistos e ampliados com o objetivo de proporcionar uma leitura fluida e encadeada, escapando ao expediente de sua mera justaposição. Nesse movimento, entranhamos as escritas às vezes apartadas, consolidando a dupla autoria da obra. Ao mesmo tempo, acrescentamos textos inéditos, dando forma ao conjunto. Ao reunir os textos em um único volume e ao ordená-los sequencialmente estamos cientes de que, como alerta Roger Chartier,[5] lhes atribuímos um novo estatuto e um novo sentido, sugerindo um percurso ao leitor. Simultaneamente, amparadas por Michel de Certeau,[6] reconhecemos que a leitura é uma caça furtiva no território alheio e, portanto, que a recomendação de autoras e editores têm alcance limitado.

Ao fim de cada capítulo, foram incluídos comentários que sintetizam os argumentos expostos. Não acreditamos que seja o caso de retomá-los aqui. Caberia, talvez, apenas reforçar a opção, explicitada na Introdução, sobre como circunscrevemos a vertente da história econômica que abraçamos, bem como a maneira que tomamos a história transnacional da educação. Fontes e arquivos também são tematizados, com o objetivo de oferecer informações acerca de alguns desafios enfrentados pelas pesquisas ao longo do tempo. Por fim, os temas em aberto e as perspectivas futuras de investigação enfeixam esta conclusão, na certeza de que o trabalho acadêmico é

---

5 Chartier, *A história cultural.*
6 De Certeau, *A invenção do cotidiano.*

fruto de uma constante reflexão sobre o referencial teórico na relação que se produz com o material empírico em mútua fertilização. Como diria Michel de Certeau,[7] a empiria consiste no princípio de esgotamento da teoria, emulando a renovação conceitual, que, por sua vez, decorre também dos questionamentos e problemáticas emergentes na dinâmica histórica do social e das formas como a disciplina história se configura como campo científico.

No que concerne à história econômica, é preciso destacar que não nos debruçamos sobre a profissão docente como mercado de trabalho, tampouco discorremos sobre o papel da escola na promoção econômica dos indivíduos ou das famílias ou sobre sua função na diminuição das desigualdades sociais. Não nos interessamos pelo estudo dos orçamentos estaduais e municipais e dos investimentos em obras e salários por parte do poder público. Nosso enfoque, seguindo o rastro iniciado pelos estudos da cultura material escolar, distinguiu a relação entre indústria e comércio de artefatos escolares e não escolares, seu consumo pelos sujeitos escolares e a atuação de mediadores culturais.

Portanto, operamos na perspectiva do que Pierre Bourdieu[8] denomina de campo econômico, o que implicou uma mirada antropológica para as trocas efetuadas. A história do consumo e dos consumidores adquiriu destaque, assim como das formas das representações e dos representantes, e da organização do mercado, na compreensão de que "as trocas não se reduzem jamais completamente à dimensão econômica". Nesse sentido, evidenciar os aspectos simbólicos que alçaram determinados artefatos à posição de objetos de desejo, necessários à implantação e funcionamento da escola moderna ou à aquisição por parte de seus sujeitos, procurou explicitar como foram sendo construídas certas disposições nos agentes presentes no campo econômico. De igual modo, investi-

---

7  Id., *A escrita da história*.

8  Bourdieu, Les échanges ne sont jamais complètement réduits à leur dimension économique. In: Bourdieu, Le champ économique, *Actes de la recherche en sciences sociales*, v.119, p.51.

gar o modelo familiar das empresas de representação de produtos franceses no Brasil remeteu a tradições endógenas e não necessariamente a uma natureza humana universal, como alerta Bourdieu, posto que enraizadas historicamente. A perspectiva acentuou a importância de unir o local ao global na análise desses processos que permitiram a circulação transnacional de mercadorias e sujeitos, questão que tomou ainda maior interesse ao identificarmos a constituição de cartéis, como o caso do Syndicat Commercial du Mobilier et du Matériel d'Enseignement, tratado no Capítulo 8.

Por sua vez, ao mobilizar a vertente de uma antropologia econômica, como assim a denomina Arjun Appadurai,[9] assumimos como escopo compreender a cultura material escolar como mercadoria, perscrutando os regimes de valor constituídos a partir do quadro cultural em que se inseriu entre final do século XIX e início do XX, no âmbito das políticas de escolarização de massa, de obrigatoriedade escolar e da difusão do método simultâneo e do ensino intuitivo. O movimento compeliu à expansão material da escola, suscitando o interesse em artefatos, mobiliário e arquitetura por parte e emulando demandas tanto pedagógicas quanto empresariais. O circuito, encenado no seio da Segunda Revolução Industrial, assumiu dimensões internacionais no jogo composto por estratégias comerciais, regulação de mercados, padronização de mercadorias, tendo por contraponto as táticas mobilizadas pelos vários sujeitos educacionais, situados em distintas partes do mundo, mas associados por meios de transporte, rotas marítimas e terrestres, tecnologias, relações diplomáticas e redes de sociabilidade e de governança.

Essa abordagem, assim, permitiu-nos, por um lado, dar acolhida às premissas da história transnacional da educação no jogo que estabeleceu com as particularidades nacionais; por outro, possibilitou destacar as soluções criativas dos sujeitos no acolhimento de propostas exógenas aos problemas enfrentados pela criação e ex-

---

9 Appadurai, Introdução: mercadorias e a política de valor. In: _____, *A vida social das coisas:* as mercadorias sob uma perspectiva cultural, p.15-88.

pansão dos sistemas escolares, exibindo apropriações e hibridações, efetuadas pelos agentes que denominamos mediadores culturais.

Sobre o primeiro aspecto, a história transnacional nos beneficiou no entendimento da circulação internacional de sujeitos, por meio de missões e viagens de trabalho, e de artefatos, constituindo um mercado produtor e consumidor em larga escala. A questão das patentes, os problemas relativos às importações, o estabelecimento de representantes comerciais e a constituição de cartéis foram alguns dos elementos que atraíram nossa atenção, bem como o modo como localmente se produziram esse fornecimento, comércio e consumo, alicerçando as trocas monetárias e incentivando o lucrativo negócio da educação. Ao mesmo tempo, enfocamos a invenção da modernidade educativa e de alguns de seus primados, como o ensino simultâneo, as lições de coisa e a obrigatoriedade escolar, ainda que esta última sempre cerceada por diversas exceções, em cada região ou país.

A proposta de uma história policêntrica, em que se misturam os circuitos de passagem entre sociedades e culturas, recusando o paradigma da transferência entre centro e periferia, foi nosso guia no movimento de variação das escalas de análise. Deu forma à rejeição de uma interpretação colonizadora que concebe os países do hemisfério norte, em particular França e Estados Unidos, como detentores do condão da inovação pedagógica e como exemplos a serem copiados por países, ditos periféricos, dentre os quais se situa o Brasil. Ao explorar a circulação internacional de sujeitos, artefatos e ideias, pretendemos demonstrar os entrelaçamentos, entranhamentos e impregnações operadas nos modelos, projetos e iniciativas. As trocas, os intercâmbios e as relações tramadas por educadores, administradores, representantes comerciais, industriais, marceneiros, comerciantes e tantos outros serviram de ancoragem às interpretações de modo a, como afirma Roger Chartier,[10] enraizar o local no global e, simultaneamente, o global no local, sem perder a

---

10 Chartier, Micro-história e globalidade. In: _____, *A história ou a leitura do tempo*, p.53-8.

dimensão de uma história encarnada em sujeitos e em suas práticas sociais.

Assim agindo, pretendemos evidenciar as apropriações, emergentes tanto nas traduções culturais operadas (como se demonstrou no Capítulo 3, ao nos determos no estudo dos quadros parietais da Maison Deyrolle) quanto na configuração das representações comerciais presentes no Capítulo 8. Puderam também ser explicitadas na estruturação do comércio local, ao tratarmos da Casa Lebre, no Capítulo 4; ou nas artimanhas utilizadas por David Corazzi para incrementar a difusão transnacional da *Bibliotheca do povo e das escolas*, sobre o que discorremos no Capítulo 7. Outra variante observou-se ainda ao abordarmos a industrialização, os procedimentos de cópias dos catálogos e disputas de patentes, sobre o que nos debruçamos nos Capítulos 5 e 6.

Nossas escolhas teóricas e metodológicas implicaram no enfrentamento à problemática dos arquivos e das fontes, sintetizada em três desafios que podem se apresentar ao pesquisador. O primeiro deles é o da interdisciplinaridade. Operar com a abordagem antropológica da história econômica exige o desenvolvimento de uma visão interdisciplinar que ultrapassa barreiras disciplinares engessadas. Isso exige a análise de fontes produzidas em diferentes áreas do conhecimento e da prática social, o que, por sua vez, impõe um conhecimento básico das condições de produção de documentos em certos nichos da atividade humana. Para ficar mais claro, sobretudo para o pesquisador iniciante, citamos um exemplo. A investigação sobre a organização administrativa e procedimentos comerciais dos governos paulistas para mobiliar a escola pública demandou o exame de diferentes fontes, desde ofícios a patentes de carteira escolar. Os elementos formais que ajudam a compreender com mais profundidade um ofício produzido no âmbito da administração pública são, por certo, diferentes dos elementos formais empregados na elaboração de uma solicitação de patente ou de uma carta patente. Nesse caso, não basta apenas ter acesso às fontes. O pesquisador precisa fazer o trânsito entre diferentes áreas por meio de um conhecimento básico da organização da administração pública e de quem são os sujeitos envolvidos na produção e recepção dos ofícios. Envolve o conhecimento da história da educação e da administração pública. É preciso mover-se, também, pelos terrenos do direito comercial, pois uma solicitação de patente é feita a partir de critérios e objetivos que vigoram nessa área. A visão interdisciplinar do pesquisador interfere não apenas na análise, mas também na localização das fontes, um segundo desafio.

O desafio da localização não está desconectado do desafio da interdisciplinaridade. Voltando ao exemplo mencionado, um ofício produzido no âmbito da administração pública paulista, referente à compra de mobiliário escolar, está relacionado, na última década do século XIX, à Secretaria de Estado dos Negócios do Interior. Assim, os arquivos mais indicados para se iniciar a busca são os arquivos de antigas escolas ou o Arquivo Público. É possível encontrar cópias do ofício, também, nos arquivos das empresas fabricantes do mobiliário. Já os pedidos de patentes são documentos que podem ser localizados nos arquivos da Junta Comercial de cada estado. Entretanto, até o fim do século XIX, muitos estados ainda estavam organizando suas juntas comerciais, o que explica a localização de documentos de empresas paulistas na Junta Comercial do Rio de Janeiro e no Arquivo Nacional. A multiplicidade e diversidade de fontes, não raramente, demanda a busca em arquivos que guardam documentos produzidos em diferentes áreas, mas também localizados em diferentes países. Nesse caso, a digitalização de acervos de arquivos estrangeiros tem facilitado o acesso às fontes.

O terceiro desafio é o simbólico. Localizadas as fontes, sejam os documentos escritos que tratem da cultura material escolar, sejam os objetos tridimensionais, um novo desafio a ser enfrentado para avançarmos nas investigações diz respeito às questões simbólicas. E isso não se reduz a um único problema. Dependendo da pergunta de pesquisa, o desafio simbólico pode se referir a como fazer a análise de um objeto tridimensional em sua materialidade. Pode ser uma preocupação em torno da agência dos objetos. Pode ser um questionamento sobre a relação entre o acesso a determinados bens/serviços/materiais e a redução ou ampliação de desigualdades educacionais. Ou ainda uma indagação acerca da construção social e cultural dos vínculos econômicos, como tem sido proposto no âmbito da Associação Brasileira de Pesquisadores em História Econômica. Necessária, também, é a investigação sobre como um dado objeto altera a dinâmica do trabalho docente ou impacta a relação professor-aluno. Esse rol exemplificativo apresenta algumas perspectivas futuras. Elas constituem uma inquirição sobre a vida material e sua capacidade de significar.

Ao concluirmos esta escrita, fica a sensação de que o caminho percorrido nestes 29 anos de investigação foi profícuo. Permitiu rever nossos paradigmas iniciais, incorporar referenciais teóricos, colher novas fontes de pesquisa, ampliar nossa interlocução com a produção nacional e internacional em história da educação e enveredar por novas vertentes de análise, abrindo-nos para o enfoque de uma história econômica da escola, tramada no entrelaçamento entre uma perspectiva antropológica e uma abordagem transnacional. No entanto, resta também a compreensão de que há muito para ser descoberto e de que, apesar do tempo já dedicado, ainda estamos no início dessa jornada. A consecução do Projeto Temático, mencionado na abertura desta Conclusão, nos serve de alento e incentivo.

Tramado a partir de muitas das questões enunciadas neste livro, pavimenta o caminho de investigação iniciado, não apenas oferecendo recursos financeiros à pesquisa de campo, como oferecendo a oportunidade de dar continuidade aos intercâmbios com historiadores da educação brasileiros e estrangeiros, alimentando um circuito de trocas e ampliação de repertórios de análise. Nesse sentido, cabe destacar nossos objetivos de avançar nos terrenos da interdisciplinaridade e nas fronteiras epistemológicas da operação historiográfica. Portanto, insistir nos territórios da história da indústria e suas técnicas produtivas, das relações diplomáticas entre países, das rotas comerciais terrestres e marítimas, dos tratados comerciais, da regulação dos mercados, da riqueza das nações, da administração pública escolar permanece nos mobilizando no processo de compreender a teia que une escolarização, cultura material escolar e história econômica da escola.

O investimento é necessário, mas insuficiente. Cabe ainda persistir na superação do que Martin Lawn[11] denomina de nacionalismo metodológico, expandindo a interpelação das historiografias a partir da interrogação de como a construção dos Estados-Nação e das histórias nacionais conformaram as interpretações sobre o lugar dos países no panorama geopolítico, atribuindo-lhes posições de centralidade e subalternidade. Convoca, assim, a mergulhar em uma perspectiva decolonial de estudo, presente ainda de maneira embrionária em nossa escrita.

Aos que começam a se embrenhar nas trilhas da história da educação, esperamos que este livro sirva de estímulo à elaboração de um programa de pesquisa de longo prazo. Aos nossos companheiros e companheiras de estrada nesse percurso de mais de duas décadas, desejamos que nossa obra renove as parcerias iniciadas e fortaleça os laços acadêmicos.

---

11 Lawn, Um conhecimento complexo: o historiador da educação e as circulações transfronteiriças, *Revista Brasileira de História da Educação*, v.14, p.127-44.

# Referências Bibliográficas

AIDAR, Bruno; GIL, Tiago; PESAVENTO, Fábio. A história econômica colonial e a ABPHE. In: SAES, Alexandre Macchione; RIBEIRO, Maria Alice Rosa; SAES, Flávio Azevedo Marques de (orgs.). *Rumos da História Econômica no Brasil:* 25 Anos da ABPHE. São Paulo: Alameda, 2017, p.349-76.

ALCÂNTARA, Wiara Rosa. A difusão mundial da carteira escolar: Brasil e Estados Unidos da América no âmbito de uma história transnacional (final do século XIX). In: VIDAL, Diana Gonçalves (org.). *Sujeitos e artefatos:* territórios de uma história transnacional da educação. V.1. Belo Horizonte: Fino Traço, 2020, p.131-60.

_____. A transnacionalização de objetos escolares no fim do século XIX, *Anais do Museu Paulista: História e Cultura Material*, Florianópolis, v.24, n.2, 2017, p.115-59.

_____. Cultura material escolar e comércio local: uma abordagem da história econômica sobre a escola urbana (São Paulo, 1894-1902). *Revista Iberoamericana do Patrimônio Histórico-Educativo*, v.7, 2021, p.1-24.

_____. Obrigatoriedade escolar e investimento na educação pública: uma perspectiva histórica (São Paulo, 1874-1908). *Revista História da Educação*, Associação Sul-Rio-Grandense de Pesquisadores em História da Educação, v.23, 2019.

_____. *Por uma história econômica da escola*: a carteira escolar como vetor de relações (São Paulo, 1874-1914). Tese de doutorado em Educação, Faculdade de Educação da Universidade de São Paulo, 2014.

ALCÂNTARA, Wiara Rosa; VIDAL, Diana. The *Syndicat Commercial du Mobilier et du Matériel d'Enseignement* and the Transnational Trade of School Artefacts (Brazil and France in the Late Nineteenth and Early Twentieth Centuries). *Paedagogica Historica*, July 2020. Disponível em: https://doi.org/10.1080/00309230.2020.1796721. Acesso em: 17 mar. 2024.

ALMEIDA, Julia Lopes de; VIEIRA, Adelina Lopes. *Contos infantis.* 13.ed. Rio de Janeiro: Francisco Alves, 1920.

ANJOS, Juarez José Tuchinski dos. Para uma história da protoindústria escolar no Brasil Império: a Fábrica Röhe & Irmãos e seus bancos-carteira (1868-1883). *Educar em Revista*, v.35, n.76, 2019, p.71-94.

APPADURAI, Arjun. Introdução: mercadorias e a política de valor. In: APPADURAI, Arjun (org.). *A vida social das coisas:* as mercadorias sob uma perspectiva cultural. Rio de Janeiro: Eduff, 2021, p.15-88.

ARRUDA, José Jobson de Andrade. História econômica e história cultural: uma trajetória historiográfica. *Revista Brasileira de Gestão e Desenvolvimento Regional*, v.4, n.3, número especial 2008, p.6-26.

ASCENZI, Anna. As fábricas de papel pigna e a produção industrial de cadernos escolares (Itália, entre os séculos XIX e XX). *Educar em Revista*, v.35, n.76, 2019. Disponível em: https://doi.org/10.1590/0104-4060.67681. Acesso em: 17 mar. 2024.

BAGIGALUPI, Marcella; FOSSATI, Piero. *Da plebe a popolo:* L'educazione popolare nei libri di scuola dall'Unità d'Italia alla Repubblica. Scandicci: La Nuova Italia, 1986.

BANDEIRA JUNIOR, Antonio Francisco. *A indústria no estado de São Paulo em 1901.* São Paulo: Typographia do Diario Official, 1901.

BARBANTI, Maria Lúcia Hilsdorf. *Escolas americanas de confissão protestante na província de São Paulo:* um estudo de suas origens. Dissertação de mestrado em Educação, Faculdade de Educação da Universidade de São Paulo, 1977.

BARBOSA, Rui. Preâmbulo do traductor para *Primeiras lições de coisas*, de Norman Alisson Calkins, V-XV. Rio de Janeiro: Imprensa Nacional, 1886.

_____. *Reforma do ensino primário e várias instituições complementares da instrução pública.* V.X, tomos I a IV. Rio de Janeiro: Ministério da Educação e Saúde, 1947.

BARBUY, Heloisa. *A cidade-exposição:* comércio e cosmopolitismo em São Paulo, 1860-1914. V.1. São Paulo: Edusp, 2006.

BARBUY, Heloisa. O Brasil vai a Paris em 1889: um lugar na Exposição Universal. *Anais do Museu Paulista: História e Cultura Material*, v.4, n.1, 1996, p.211-61. Disponível em: https://doi.org/10.1590/S0101-47141996000100017. Acesso em: 17 mar. 2024.

BARRA, Valdeniza Maria da. *Da pedra ao pó:* o itinerário da lousa na escola paulista do século XIX. Dissertação de mestrado em Educação: História e Filosofia da Educação, Pontifícia Universidade Católica de São Paulo, 2001.

BARROS, José D'Assunção. História econômica: considerações sobre um campo disciplinar. *Revista de Economia Política e História Econômica*, ano 4, n.11, jan. 2008, p.5-51.

BASSO, Maristela. *O direito internacional da propriedade intelectual.* Porto Alegre: Livraria do Advogado, 2000.

BASTOS, Maria Helena. A instrução pública e o ensino mútuo no Brasil: uma história pouco conhecida (1808-1827). *História da Educação*, v.1, n.1, p.115-33, 1997.

_____. Joaquim José Menezes Vieira. In: FAVERO, Maria de Lourdes; BRITTO, Jader de Medeiros. *Dicionário dos educadores no Brasil*. Rio de Janeiro: EDUFRJ e Brasília: MEC-Inep, 2002, p.568-76.

_____. *Pro Patria Laboremus:* Joaquim José de Menezes Vieira (1848-1897). Bragança Paulista (SP): Editora Edusf, 2002.

BENCOSTTA, Marcus Levy (org.). *História da educação, arquitetura e espaço escolar.* São Paulo: Cortez, 2005.

BITTENCOURT, Circe Maria Fernandes. Apresentação. *Educação e Pesquisa*, v.30, n.3, 2004, p.471-3.

_____. *Livro didático e conhecimento histórico*: uma história do saber escolar. Tese de doutorado em História, Faculdade de Filosofia, Letras e Ciências Humanas da Universidade de São Paulo, 1993.

BOIVIN, Nicole. *Material Cultures, Material Minds:* The Impact of Things on Human Thought, Society, and Evolution. Cambridge: Cambridge University Press, 2009.

BONIFÁCIO, Vitor. Um modelo para a *Bibliotheca do povo e das escolas*: A *Biblioteca del Popolo*. In: ANDRADE, Antonio Manuel; CARRINGTON, Maria Cristina. *Do manuscrito ao impresso*. V.I. Aveiro: Universidade de Aveiro e Coimbra/Imprensa da Universidade de Coimbra, 2019, p. 313-39. Disponível em: https://docplayer.com.br/139710210-Um-modelo-para-a-bibliotheca-do-povo-e-das-escolas-a-biblioteca-del-popolo-uri.html. Acesso em: 17 mar. 2024.

BONTEMPI JR., Bruno. Escola Politécnica de São Paulo: produção da memória e da identidade social dos engenheiros paulistas. *História da Educação*, v.19, n.46, maio-ago. 2015, p.223-42.

BOTO, Carlota. *A escola primária como rito de passagem:* ler, escrever, contar e se comportar. Coimbra: Imprensa da Universidade de Coimbra, 2012.

BOURDIEU, Pierre. Introdução. O mercado da casa: disposições dos agentes e estruturas do campo de produção. O Estado e a construção do mercado. In: _____. *As estruturas sociais da economia*. Porto: Campo das Letras, 2006, p.13-169.

_____. Le champ économique. *Actes de la recherche en sciences sociales*, v.119, Économie et économistes, septembre 1997, p.48-66.

BOURDIEU, Pierre; PASSERON, Jean-Claude. *A reprodução*. 3.ed. Rio de Janeiro: Francisco Alves, 1992.

BUCAILLE, Richard; PESEZ, Jean-Marie. Cultura material. In: *Enciclopédia Einaudi*. V.16. Rio de Janeiro: Imprensa Nacional, 1989, p.11-47.

BUISSON, Ferdinand. *Dictionnaire de pédagogie et d'instruction primaire*. Établissement du texte, présentation et notes par Pierre Hayat. Paris: Éditions Kimé, 2000.

_____. (dir.). *Dictionnaire de Pédagogie et d'instruction primaire*. Partie I, tome II. Paris: Librairie Hachette et Cie., 1888.

CALKINS, Norman Alisson. *Primeiras lições de coisa*. Trad. de Rui Barbosa. Rio de Janeiro, Imprensa Nacional, 1886.

CANCLINI, Nestor. *Culturas híbridas*. São Paulo: Edusp, 2003.

CARUSO, Marcelo. Classroom Struggle: Organizing Elementary Teaching in the Nineteenth Century. In: _____ (org.). *Classroom Struggle:* Organising Elementary Teaching in the Nineteenth Century. Nova York: Peter Lang, 2005.

CARVALHO, Marta Maria Chagas de. A caixa de utensílios e a biblioteca: pedagogia e práticas de leitura. In: VIDAL, Diana Gonçalves; HILSDORF, Maria Lucia Spedo. *Brasil 500 anos: Tópicas em história da educação*. São Paulo: Edusp, 2001, p.137-68.

CASTRO, Cesar Augusto de (org). *Cultura material escolar:* a escola e seus artefatos (MA, SP, PR, SC e RS, 1870-1925). São Luís, EdUFMA, 2011.

CHAMON, Carla; FARIA FILHO, Luciano. A educação como problema, a América como destino: a experiência de Maria Guilhermina.

In: MIGNOT, Ana Cristina; GONDRA, José Gonçalves (orgs.). *Viagens pedagógicas*. São Paulo: Cortez, 2007, p.39-64.

CHARTIER, Roger. *A história cultural:* entre práticas e representações. Lisboa: Difel, 2002.

_____. Micro-história e globalidade. In: _____. *A história ou a leitura do tempo*. Belo Horizonte: Autêntica, 2009, p.53-8.

CHERVEL, André. *Histoire de la grammaire scolaire*. Paris: Payot, 1977.

_____. História das disciplinas escolares: reflexões sobre um campo de pesquisa. *Teoria & Educação*, n.2, 1990, p.177-229.

_____. *La culture scolaire:* Une approche historique. Paris: Belin, 1998.

CHIOSSO, Giorgio (ed.). *TESEO:* tipografi e editori scolastico-educativi dell'Ottocento. Milan: Bibliografica, 2003.

CHOPPIN, Alain. L'histoire des manuels scolaires: Une approche globale. *Histoire de l'éducation*, n.9, décémbre 1980, p.1-25.

COSTA, Wilma Peres. A questão fiscal na transformação republicana – continuidade e descontinuidade. *Economia e Sociedade*. Campinas, 10, 1998, p.141-73.

CUBAN, Larry. *How Teachers Taught:* Constancy and Change in American Classrooms, 1880-1990. Nova York: Teachers College Press, 1993.

_____. *Teachers and Machines:* The Classroom Use of Technology since 1920. Nova York/Londres: Teachers College/Press, 1986.

CUNHA, Xavier da. Quatro páginas de prólogo. In: *Biblioteca do povo e das escolas, sexta série*. Lisboa: David Corazzi Editor, Empreza Horas Românticas, 1883.

DE CERTEAU, Michel. *A cultura no plural*. Campinas: Papirus, 1995.

_____. *A escrita da história*. Rio de Janeiro: Forense universitária, 1982.

_____. *A invenção do cotidiano*. Petrópolis: Vozes, 1994.

DEAECTO, Marisa Midori. Anatole Louis Garraux e o comércio de livros franceses em São Paulo (1860-1890). *Revista Brasileira de História*, v.28, n.55, jun. 2008, p.85-106.

DE LUCA, Tania Regina. *A ilustração (1884-1892):* circulação de textos e imagens entre Paris, Lisboa e Rio de Janeiro. São Paulo: Unesp Digital, 2018.

DELUMEAU, Jean, *História do medo no Ocidente (1300-1800):* uma cidade sitiada. São Paulo: Companhia das Letras, 2009.

DEPAEPE, Marc; SIMON, Frank. Is There Any Place for the History of Education in the History of Education? A Plea for the History of Everyday Educational Reality in-and Outside Schools. *Paedagogica Historica*, v.31, n.1, 1995, p.9-16.

DOMINGOS, Manuela. *Estudos de sociologia da cultura:* livros e leitores no século XI. Lisboa: Instituto Português de Ensino a Distância, 1985.

DUSSEL, Inés. Between Exoticism and Universalism: Educational Sections in Latin American Participation at International Exhibitions, 1860-1900, *Pedagogica Historica,* 47, n.5, 2011, p.601-17.

ELLIS, Heather. Editorial: Science, Technologies and Material Culture in the History of Education. *History of Education,* v.46, n.2, 2017, p.143-46. Disponível em: https://doi.org/10.1080/00467 60X.2016.1274056. Acesso em: 19 mar. 2024.

ESCOLANO BENITO, Agustín (dir.). Arquitetura escolar como programa. Espaço-escola e currículo. In: VIÑAO FRAGO, Antonio; ESCOLANO BENITO, Agustín. *Currículo, espaço e subjetividade:* a arquitetura como programa. Rio de Janeiro: DP&A, 2001, p.19-58.

_____. *Historia ilustrada del libro escolar en España:* del Antiguo Régimen a la Segunda República. Madri: Fundación Germán Sánchez Ruipérez y Ediciones Pirámide, 1997.

_____. Los professores en la historia. In: ESCOLANO BENITO, Agustín; MAGALHÃES, Justino (orgs.). *Os professores na história.* Porto: Sociedade Portuguesa de Ciências da Educação, 1999, p.15-27.

FARIA FILHO, Luciano Mendes de. Fazer história da educação com E. P. Thompson: trajetórias de um aprendizado. In: _____ (org.). *Pensadores sociais e história da educação.* Belo Horizonte: Autêntica, 2005, p.239-56.

_____. BERTUCCI, Liane Maria. Experiência e cultura: contribuições de E. P. Thompson para uma história social da escolarização. *Currículo sem Fronteiras,* v.9 (2), p.10-24, 2009.

_____. NEVES, Leonardo Santos; CALDEIRA, Sandra Maria. A estatística educacional e a instrução pública no Brasil: aproximações. In: CANDEIAS, António (org.). *Modernidade, educação e estatística na Ibero-América dos séculos XIX e XX.* Lisboa: Educa, 2005, p.219-38.

_____. ROSA, Walquiria. O ensino mútuo em Minas Gerais (1823/1842). In: BASTOS, Maria Helena C.; FARIA FILHO, Luciano Mendes de. (org.). *A escola elementar no século XIX.* Passo Fundo: EdiUPF, 1999, v.1, p.177-96.

FELGUEIRAS, Margarida; GARCIA, Inára. *Bibliotheca do povo e das escolas:* a circulação de ideias pedagógicas e a cultura material escolar em Portugal na segunda metade do século XIX. *Anais do VIII Congresso Luso-Brasileiro de História da Educação,* São Luís, 22-25 ago. 2010.

FELGUEIRAS, Margarida; SILVA, Elizabeth Poubel. A implantação das escolas centrais em Portugal. In: VIDAL, Diana Gonçalves (org.). *Grupos escolares:* cultura escolar primária e escolarização da infância no Brasil (1893-1971). Campinas: Mercado de Letras, 2006.

FERRARO, Alceu Ravanello. Analfabetismo e níveis de letramento no Brasil: o que dizem os censos? *Educação e Sociedade*, v.23, n.81, dez. 2002, p.21-47. Disponível em: http://www.scielo.br/scielo.php?script=sci_arttext&pid=S0101-73302002008100003&lng=en&nrm=iso. Acesso em: 19 mar. 2024.

FOUCAULT, Michel. *As palavras e as coisas*: uma arqueologia das ciências humanas. São Paulo: Martins Fontes, 1999.

_____. *Vigiar e punir:* a história da violência nas prisões. Petrópolis: Vozes, 1983.

FRANCO, Vera Helena de Mello. *Contratos:* direito civil e empresarial. São Paulo: Editora Revista dos Tribunais, 2013.

FUCHS, Eckhardt. History of education beyond the Nation? Trends in Historical and Educational Scholarship. In: BAGCHI, Barnita; FUCHS, Eckhardt; ROUSMANIERE, Kate (orgs.), *Connecting histories of education. Transnational and cross-cultural exchances in (post) colonial education*, 2014.

_____. Networks and the History of Education. *Paedagogica Historica*, v.43, n.2, 2007, p.185-97.

GARCIA, Gecia Aline. *Itinerário moveleiro:* o provimento material escolar para a instrução primária paranaense (anos finais do século XIX e início do século XX). Dissertação de mestrado em Educação, Universidade Federal do Paraná, 2020.

GASPAR DA SILVA, Vera; SOUZA Gizele de; CASTRO, Cesar Augusto (orgs.). *Cultura material escolar em perspectiva histórica:* escritas e possibilidades. Vitória/São Luís: Edufes/EduFMA, 2018/2023.

GAY, Peter. *A experiência burguesa da rainha Vitória a Freud:* a educação dos sentidos. São Paulo: Companhia das Letras, 1988.

GEERTZ, Clifford. *A interpretação das culturas*. Rio de Janeiro: LTC, 1989.

GINZBURG, Carlo. *O queijo e os vermes:* o cotidiano e as ideias de um moleiro perseguido pela Inquisição. São Paulo: Companhia das Letras, 1987.

GONDRA, José Gonçalves. Abilio Cesar Borges. In: FAVERO, Maria de Lourdes; BRITTO, Jader (orgs.). *Dicionário dos educadores no Brasil*. Rio de Janeiro/Brasília: EDUFRJ/MEC-Inep, 2002.

GONDRA, José Gonçalves. Medicina, higiene e educação escolar. In: LOPES, Eliane; GREIVE, Cynthia Veiga; FARIA FILHO, Luciano (orgs.). *500 anos de educação no Brasil*. Belo Horizonte: Autêntica, 2000, p.519-50.

GOODSON, Ivor; HARGREAVES, Andy (eds.). *Teachers' Professional Lives*. Nova York: Falmer Press, 1996.

GOODSON, Ivor. *School Subjects and Curriculum Change*. Londres: Croom Helm, 1983.

GROSVENOR, Ian; LAWN, Martin; ROUSMANIERE, Kate (coords.). *Silences and Images:* The Social History of the Classroom. Nova York: Peter Lang, 1999.

GRUZINSKI, Serge. Os mundos misturados da monarquia católica e outras connected histories. *Topoi*, mar. 2001, p.175-95.

HERMAN, Frederik et al. The School Desk: from Concept to Object. *History of Education*, v.40, n.1, 2011, p.97-117. Disponível em: https://doi.org/10.1080/0046760X.2010.508599. Acesso em: 19 mar. 2024.

HILL, Christopher. *O mundo de cabeça para baixo:* ideias radicais durante a Revolução Inglesa de 1964. São Paulo: Companhia das Letras, 1987.

HILSDORF, Maria Lucia Spedo. O ensino mútuo na província de São Paulo: primeiros apontamentos. In: BASTOS, Maria Helena C.; FARIA FILHO, Luciano Mendes de (orgs.). *A escola elementar no século XIX*. Passo Fundo: EdiUPF, 1999, v.1, p.197-216.

HOBSBAWM, Eric. *A Era das Revoluções*. São Paulo: Paz e Terra, 1979.

JULIA, Dominique. A cultura escolar como objeto histórico, *Revista Brasileira de História da Educação*, n.1, jan-jun. 2001, p.9-43.

KUHLMANN Jr., Moyses. O jardim de infância e a educação das crianças pobres. In: MONARCHA, Carlos (org.). *Educação da infância brasileira*: 1875-1883. Campinas: Autores Associados, 2001, 3-30.

KULA, Witold. *Problemas y métodos de la historia económica*. Barcelona: Península, 1977.

LAWN, Martin. A Pedagogy for the Public: The Place of Objects, Observation, Mechanical Production and Cupboards. In: LAWN, Martin; GROSVENOR, Ian (eds.). *Materialities of Schooling: Design, Technology, Objects, Routines*. Oxford: Symposium Books, 2005, p.145-62.

_____. *Materialities of Schooling: Design, Technology, Objects, Routines (Comparative Histories of Education*. Symposium books: Oxford, 2005.

_____. Um conhecimento complexo: o historiador da educação e as circulações transfronteiriças. *Revista Brasileira De História Da Educação*, 14(1[34]), p.127-44, 2014.

LAWN, Marin; GROSVENOR, Ian. *Materialities of Schooling: Design, Technology, Objects, Routines.* Oxford: Symposium Books, 2005.

_____. Ian. When in Doubt, Preserve: Exploring the Traces of Teaching and Material Culture in English Schools. *History of Education*, v.30, n.2, 2001, p.117-27.

LUNDAHL, Christian; LAWN, Martin, The Swedish Schoolhouse: A Case Study in Transnational Influences in Education at the 1870s World Fairs. *Pedagogica Historica*, 51, n.3, 2015, p.319-34.

MACHADO, Maria Cristina. *Rui Barbosa:* pensamento e ação. Campinas: Autores, Associados, 2002.

MACHADO DE ASSIS, Joaquim Maria. *Helena.* São Paulo: Paulus, 2008.

MALAFOURIS, Lambros. At the Potter's Wheel: An Argument for Material Agency. In: KNAPPETT, Carl; MALAFOURIS, Lambros (eds.). *Material Agency:* Towards a Non-Anthropocentric Perspective. Nova York: Springer, 2008, p. 19-36.

MARTINS, Antonio Egydio. *São Paulo Antigo (1554 a 1910).* V.1. Rio de Janeiro/São Paulo: Francisco Alves/Typographia do Diário Official, 1911-2.

MEDA, Juri. A história material da escola como fator de desenvolvimento da pesquisa histórico-educativa na Itália. *Revista Linhas*, v.16, n.30, 2015, p.7-28.

_____. Mezzi di educazione di massa: Nuove fonti e nuove prospettive di ricerca per una 'storia materiale della scuola' tra XIX e XX secolo. *History of Education & Children's Literature*, VI, 1, 2011, p.253-79.

_____. *Mezzi di educazione di massa: Saggi di storia della cultura materiale della scuola tra XIX e XX secolo.* Milão: Franco Angeli, 2016.

MIALHE, Jorge Luis. A emigração francesa para o Brasil pelo porto de Bordeaux: séculos XIX e XX. In: VIDAL, Laurent; LUCCA, Tânia de. *Franceses no Brasil, séculos* XIX e XX. São Paulo: EdUnesp, 2009.

MIGNOT, Ana Chrystina (org.). *Pedagogium:* símbolo da modernidade educacional republicana. Rio de Janeiro: Quartet/Faperj, 2013.

NABO, Olímpia de Jesus de Bastos Mourato. *Educação e difusão da ciência em Portugal: a* Bibliotheca do povo e das escolas *no contexto das edições populares do século XIX.* Dissertação de mestrado em Formação de Adultos e Desenvolvimento Local, Escola Superior de Educação de Portalegre, Instituto Politécnico de Portalegre, Portugal, 2012. Disponível em: https://comum.rcaap.pt/bitstream/10400.26/8402/1/

Ol%C3%ADmpia%20de%20Jesus%20de%20Bastos%20Mourato%20
Nabo.pdf.

NASCIMENTO, Jorge Carvalho do. Nota prévia sobre a palavra
impressa no Brasil do Século XIX: A *Biblioteca do povo e das escolas*.
*Revista Horizontes*, USF, 2001, p.11-28.

NÓVOA, António. *Os professores e as reformas de ensino na viragem do
século, 1886-1906*. Porto: Edições ASA, 1993.

O'BRIEN, Tim. *The Things They Carried*. Londres: Collins, 1990.

OLIVEIRA, João Gualberto de. *Suecos no Brasil*. São Paulo: Revista dos
Tribunais, 1952.

OLIVEIRA, Marcus Aurélio Taborda de. Educação dos sentidos e das
sensibilidades: entre a moda acadêmica e a possibilidade de renovação
no âmbito das pesquisas em história da educação. *Revista História da
Educação*, v.22, n.55 maio/ago. 2018, p.116-33.

_____. O pensamento de Edward Palmer Thompson como programa
para a pesquisa em história da educação: culturas escolares, currículo
e educação do corpo. *Revista Brasileira de História da Educação*, v.16,
p.147-69, 2008.

OSSENBACH SAUTER, Gabriela. La investigación sobre los manuales
escolares en América Latina: la contribución del proyecto MANES.
*Historia de la Educación*, 19, 2000, p.193-203.

OZOUF, Jacques. *Nous les maitres d'école:* Autobiograhies d'instituteurs
de la Belle Époque. Paris: Gallimard, 1973.

OZOUF, Jacques; OZOUF, Mona. *La République des instituteurs*. Paris:
Gallimard, Le Seuil, 1992.

PADILHA, Rodrigo Bastos. *A Escola Politécnica e a transformação de São
Paulo*. Tese de doutorado em História da Ciência, Pontifícia Universidade Católica de São Paulo, 2015.

PALLARES-BURKE, Maria Lúcia. *Nísia Floresta, O Carapuceiro e
outros ensaios de tradução cultural*. São Paulo: Hucitec, 1996.

PEDRO, Carina Marcondes Ferreira. *Casas importadoras de Santos e seus
agentes:* comércio e cultura material (1870-1900). Dissertação de mestrado em História, Faculdade de Filosofia, Letras e Ciências Humanas
da Universidade de São Paulo, 2010.

PEYRANNE, Josette. *Le mobilier scolaire du XIXe siècle a nos jours:* contribution a l'étude des pratiques corporelles et de la pédagogie à travers
l'évolution du mobilier scolaire. Lille: Atelier national de reproduction
des thèses, 2001.

PINEAU, Pablo; DUSSEL, Inés; CARUSO, Marcelo. *La escuela como máquina de educar:* tres escritos sobre un proyecto de la modernidade. Buenos Aires: Paidós, 2001.

PIRES DE ALMEIDA, José Ricardo. *Instrução pública no Brasil (1500-1889):* história e legislação. São Paulo: Educ, 2000.

POLANYI, Karl. *A subsistência do homem e ensaios correlatos.* Rio de Janeiro: Contraponto, 2012.

POPKEWITZ, Thomaz. Organization and Power: Teacher Education Reforms. *Social Education,* v.51, n.57, nov.-dez.1987, p.496-500.

PORCIANI, Ilaria. Il libro di testo come oggetto di ricerca: i manuali scolastici nell'Italia unita. In: _____. *Storia della scuola e storia d'Italia.* Bari: De Donato, 1982, p.231-7.

RAICICH, Marin. *Di grammatica.* In: _____. *Retorica:* lingua, scuola, editoria nella Terza Italia. Rome: Archivio Guido Izzi, 1996.

REQUIÃO, Rubens. *Curso de direito comercial.* São Paulo: Saraiva, 2011.

REVEL, Jacques (org.). *Jogos de escala:* a experiência da microanálise. Trad. de Dora Rocha. Rio de Janeiro: Fundação Getúlio Vargas, 1998.

RIANT, Aimé. *Hygiène scolaire:* influence de l'école sur la santé des enfants. Paris: Librairie Hachette & Cie., 1874.

ROCHA, Heloísa Helena Pimenta. Indispensáveis em todas as escolas: uma incursão no mundo dos objetos escolares. *Educar em Revista,* v.35, n.76, 2019.

ROCHA, Heloisa Helena Pimenta; GONDRA, José Gonçalves. A escola e a produção de sujeitos higienizados. *Perspectiva,* v.20, n.2, jan. 2002, p.493-512.

ROCKWELL, Elsie. Metáforas para encontrar histórias inesperadas. In: NEPOMUCENO, Maria de Araújo; TIBALI, Elianda. *A educação e seus sujeitos na história.* Belo Horizonte: Argumentum, 2007, 15-33.

ROSENTAL, Paul-André. Construir o "macro" pelo "micro": Fredrik Barth e a Microstoria. In: REVEL, Jacques. *Jogos de escalas:* a experiência da microanálise. Rio de Janeiro: Fundação Getúlio Vargas, 1998, p.151-72.

SAHLINS, Marshall. *História e cultura.* Rio de Janeiro: Jorge Zahar Editor, 2006.

SAMUEL, Raphael (ed.). *Village Life and Labour.* Londres: Routledge, 1975.

SAUNIER, Pierre-Yves. Globalisation. In: IRIYE, Akira; SAUNIER, Pierre-Yves (eds.). *The Palgrave Dictionary of Transnational History:*

From the Mid-19th Century to the Present Day. Basingstoke: Palgrave Macmillan, 2009, p.461-2.

SCHELBAUER, Analete Regina. A constituição do método de ensino intuitivo na província de São Paulo (1870-1889). Tese de doutorado em Educação, Faculdade de Educação da Universidade de São Paulo, 2003.

SCHRIEWER, Jürgen. Estados-Modelo e sociedades de referência: externalização em processos de modernização. In: NÓVOA, António; SCHRIEWER, Jürgen. A difusão mundial da escola. Lisboa: Educa, 2000, p.103-20.

SCHOROEDER-GUDEHUS, Brigitte; RASMUSSEN, Anne. Les fastes du progrès: guide des expositions universelles, 1851-1992. Paris: Flammarion, 1992, p.88.

SCHUELLER, Alessandra Frota Martinez de. A longa peregrinação de um professor da roça na Europa. In: MIGNOT, Ana Cristina; GONDRA, José Gonçalves (orgs.). Viagens pedagógicas. São Paulo: Cortez, 2007, p.90-113.

SCHUELLER, Alessandra Frota Martinez de; MAGALDI, Ana Maria Bandeira de Mello. Educação escolar na Primeira República: memória, história e perspectivas de pesquisa. Tempo, Niterói, v.13, n. 26, 2009, p.32-55. Disponível em: http://www.scielo.br/scielo.php?script=sci_arttext&pid=S1413-77042009000100003&lng=en&nrm=iso.

SILVA, Adriana M. Paulo da. Aprender com perfeição e sem coação: uma escola para meninos pretos e pardos na corte. Brasília: Plano, 2000.

SILVA, Francisco Ribeiro da. História da alfabetização em Portugal: fontes, métodos, resultados. In: _____. A história da educação em Espanha e Portugal. Lisboa: Sociedade Portuguesa de Ciências da Educação, 1993, p.101-21.

SOBE, Noah W. Entanglement and Transnationalism in the History of American Education. In: POPKEWITZ, Thomas (ed.). Rethinking the History of Education: Transnational Perspectives on Its Questions, Methods, and Knowledge. Nova York: Palgrave Macmillan, 2013.

SOUSA, Gustavo Rugoni de. A (re)invenção do mobiliário escolar: entre saberes pedagógicos, higienistas e econômicos (1851-1889). Tese de doutorado em Educação, Centro de Ciências Humanas e da Educação da Universidade do Estado de Santa Catarina, 2019.

_____. Da indústria à escola: relações da fábrica Móveis Cimo com o mercado escolar (1912-1952). Dissertação de mestrado em Educação, Centro de Ciências Humanas e da Educação, Universidade do Estado de Santa Catarina, 2015.

SOUZA, Gizele de; SILVA, Vera Lucia Gaspar da. Cultura material em história(s): artefatos escolares e saberes. *Educar em Revista*, v.35, n.76, jul.-ago. 2019. Disponível em: https://revistas.ufpr.br/educar/issue/view/2503/showToc. Acesso em: 19 mar. 2024.

_____.; _____. Negócios combinados: modos de prover a escola pública primária (em fins do século XIX e início do XX). *Educar em Revista*, v.35, n.76, 2019.

SOUZA, Rosa Fátima. História da cultura material escolar: um balanço inicial. In: BENCOSTA, M. L. (org.). *Culturas escolares, saberes e práticas educativas:* itinerários históricos. São Paulo: Cortez Editora, 2007, p.163-89.

STRUCK, Bernhard; FERRIS, Kate; REVEL, Jacques. Introduction: Space and Scale in Transnational History. *The International History Review*, v.33, 4, dez. 2011, p.573-84.

TANURI, Leonor Maria. História da formação de professores. *Revista Brasileira de Educação*, n.14, maio-ago. 2000, p.61-88.

TESSITORE, Viviane. *Fontes da riqueza pública:* tributos e administração tributária na província de São Paulo (1832-1892). Dissertação de mestrado, Faculdade de Filosofia, Letras e Ciências Humanas da Universidade de São Paulo, 1995.

THOMPSON, Edward P., *A formação da classe operária*. São Paulo: Paz e Terra, 1987.

TRILLA, Jaume. *Ensayos sobre la escuela:* el espacio social y material de la escuela. Barcelona: Laertes, 1985.

UNESCO (The United Nations Educational, Scientific and Cultural Organization). General Conference. *Convention for the Safeguarding of the Intangible Cultural Heritage*, Paris, 17 October 2003. Disponível em: https://ich.unesco.org/en/convention. Acesso em: 19 mar. 2024.

VALDEMARIN, Vera. *Estudando as lições de coisas*. Campinas: Autores Associados, 2004.

_____. *O liberalismo demiurgo*. São Paulo: Cultura Acadêmica, 2000.

VAQUINHAS, Irene; VARGUES, Isabel. A imprensa da universidade no liberalismo e na I República. In: FONSECA, Fernando et al. *Imprensa da Universidade de Coimbra:* uma história dentro da história. Coimbra: Imprensa da Universidade, 2001, p. 69-92.

VEIGA, Cynthia Greive. A história da escola como fenômeno econômico: diálogos com história da cultura material, sociologia econômica e história social. In: SILVA, Vera Lúcia Gaspar da; SOUZA, Gizele de;

CASTRO, Cesar Augusto (orgs.). *Cultura material escolar em perspectiva histórica:* escritas e possibilidades. Vitória: Ufes, 2018, p.29-66.

VENÂNCIO, Giselle Martins. Os caminhos da coleção *Biblioteca do povo e das escolas* traçados por David Corazzi, Francisco Alves e Gualter Rodrigues. *Cultura: Revista de História e Teoria das Ideias,* v.21, 2005, p.1-17.

VERDELHO, Telmo; SILVESTRE, João Paulo. *Lexicografia bilíngue:* a tradição dicionarística português-línguas modernas. Lisboa: Centro de Linguística da Universidade de Lisboa, 2011.

VICENTINI, Paula Perin; LUGLI, Rosario Genta. *História da profissão docente no Brasil:* representações em disputa. São Paulo: Cortez, 2009.

VIDAL, Diana Gonçalves. A circulação internacional de artefatos escolares: a *Biblioteca do povo e das escolas*, de David Corazzi (Portugal, Brasil, 1881-1896). In: PAIXÃO, Fernando; TONI, Flávia Camargo. *Estudos brasileiros em três tempos:* 1822-1922-2022. Pensar o Brasil: desafios e reflexões. Belo Horizonte: Fino Traço Editora, 2021, p.205-30.

_____. A invenção da modernidade educativa: circulação internacional de modelos pedagógicos, sujeitos e objetos no Oitocentos. In: CURY, Cláudia Engler; MARIANO, Serioja Cordeiro. *Múltiplas visões:* cultura histórica no Oitocentos. João Pessoa: Editora UFPB, 2009, p. 39-58.

_____. *Culturas escolares:* estudo sobre práticas de leitura e escrita na escola pública primária (Brasil e França, final do século XIX). Campinas: Autores Associados, 2005.

_____. Educação e sociedade no Brasil Império: Passado e presente na narrativa de Frederico José de Santa-Anna Nery (1884-1889). In: ALVES, Claudia; VIDAL, Diana; SÁ, Elisabeth. *Santa-Anna Nery e a educação:* um olhar brasileiro no estrangeiro (Brasil-França, século XIX). v.1. Cuiabá: EDUFMT, 2015, p.11-34.

_____. Faces da obrigatoriedade escolar: lições do passado, desafios do presente. In: VIDAL, Diana Gonçalves; SÁ, Elizabeth Figueiredo; SILVA, Vera Lúcia Gaspar da (orgs.). *Obrigatoriedade escolar no Brasil.* Cuiabá: EDUFMT, 2013.

_____. História da educação como arqueologia: cultura material escolar e escolarização, *Linhas,* Florianópolis, v.18, n.36, jan.-abr. 2017, p.251-72.

_____. O Museu Escolar Brasileiro: Brasil, Portugal e a França no âmbito de uma história conectada (final do século XIX). In: FERNANDES,

Rogério; LOPES, Alberto; FARIA FILHO, Luciano Mendes de (orgs.). *Para a compreensão histórica da infância.* v.1. Porto: Campo das Letras, 2006, p.239-64.

VIDAL, Diana Gonçalves. Por uma pedagogia do olhar: os museus escolares no fim do século XIX. In: VIDAL, Diana Gonçalves; SOUZA, Maria Cecilia Christiano (orgs.). *A memória e a sombra.* Belo Horizonte: Autêntica, 1999, p.107-16.

_____. Tecendo história (e recriando memória) da escola primária e da infância no brasil: os grupos escolares em foco. In: VIDAL, Diana Gonçalves (org.). *Grupos escolares:* cultura escolar primária e escolarização da infância no Brasil (1893-1971). Campinas: Mercado de Letras, 2006.

_____. Transnational Education in the Late Nineteenth Century: Brazil, France and Portugal Connected by a School Museum. *History of Education,* v.46, n.2, 2017, p.228-41.

_____.; ALCÂNTARA, Wiara, The Material Turn in the History of Education. *Educació i Història:* Revista d'Història de l'Educació, n. 38, jul.-dez. 2021, p.11-32. Disponível em: https://raco.cat/index.php/EducacioHistoria/article/view/390150. Acesso em: 19 mar. 2024.

_____.; FARIA FILHO, Luciano Mendes de. História da educação no Brasil: A constituição histórica do campo (1880-1970). *Revista Brasileira de História,* v.23, n.45, 2003, p.37-70.

_____.; GASPAR, Vera Lúcia. Por uma história sensorial da escola e da escolarização. In: CASTRO, Cesar Augusto de (org.). *Cultura material escolar:* a escola e seus artefatos (MA, SP, PR, SC e RS, 1870-1925). v.1. São Luís: Café; Lápis, 2011, p.19-42.

_____.; SÁ, Elisabeth; SILVA, Vera Gaspar da. *Obrigatoriedade escolar no Brasil.* Cuiabá: EdUFMT, 2013.

VIDAL, Diana; SALVADORI, Maria Angela B.; COSTA, Ana Luiza Jesus da. Cultura e história da educação: diálogos com Michel de Certeau e E.P. Thompson. *Revista HISTEDBR On-line,* v.19, p.1-25, 2019.

VIÑAO FRAGO, António. Do espaço escola como lugar: propostas e questões. In: VIÑAO FRAGO, Antonio; ESCOLANO BENITO, Agustín. *Currículo, espaço e subjetividade:* a arquitetura como programa. Rio de Janeiro: DP&A, 2001, p.59-140.

_____. El patrimonio histórico-educativo: memoria, nostalgia y estudio. *Con-Ciencia Social:* anuario de didáctica de la geografía, la historia y las ciencias sociales, n.15, 2011, p.141-8.

## Arquivos e fontes

ACERVO HISTÓRICO DA CAETANO DE CAMPOS EM SÃO PAULO – Livro de Correspondências da Escola Normal Caetano de Campos. Secretaria da Escola Normal da Capital, 1894, ofício n.98.

ACERVO HISTÓRICO DA CAETANO DE CAMPOS EM SÃO PAULO – Livro de Correspondências da Escola Normal Caetano de Campos. Secretaria da Escola Normal da Capital, 1894, ofício n.115.

ACERVO HISTÓRICO DA CAETANO DE CAMPOS EM SÃO PAULO. Inventários de Bens da Escola Normal Caetano de Campos, 1895 e 1896.

*Actas e Pareceres do Congresso da Instrucção, 1882-1883.* V.I-IV. Rio de Janeiro: Typographia Nacional, 1884.

*Almanak Administrativo, Mercantil e Industrial do Rio de Janeiro*, 1891, p.512.

*Almanak Administrativo, Mercantil e Industrial do Rio de Janeiro*, 1891, p.1452.

*Almanak Administrativo, Mercantil e Industrial do Rio de Janeiro*, 1891, p.500.

*Almanak Administrativo, Mercantil e Industrial do Rio de Janeiro*, 1895, p.1323.

*Almanak Administrativo, Mercantil e Industrial do Rio de Janeiro*, 1908.

Almanak Administrativo, Mercantil e Industrial do Rio de Janeiro, 1909.

Almanak Administrativo, Mercantil e Industrial do Rio de Janeiro, 1917.

Almanak Administrativo, Mercantil e Industrial do Rio de Janeiro, 1923.

APESP (Arquivo Público do Estado de São Paulo). Livro de Moveis e Utensis (Distribuição de 1854-1872). Ordem 1124.

APESP. Instrução Pública – Relatório das localidades – Capital, anos: 1852-1888; Caixa 12 – Relatórios escolares – 1883; Pasta 23, maço 3.

APESP. Série Manuscritos. Secretaria do Interior. Escola Normal. Ano 1892. Caixa 530.

ARQUIVO NACIONAL. Junta Comercial. Ano – 1897; Livro 342; Registro 45181 – Charles Vautelet & Cia.

ARQUIVO NACIONAL. Privilégios Industriais, Notação: PI 1624.

ARQUIVO NACIONAL. Livro de Registro de firmas commerciais, na forma do art. 11 do Dec n. 916 de 24 de outubro de 1890. Junta Comercial da Capital Federal, 15 de janeiro de 1895.

ARQUIVO DA ESCOLA NORMAL DO BRÁS. Livro de Inventário da Escola Normal do Brás, com registros de 1913 e 1924.

ARQUIVO HISTÓRICO DA ESCOLA POLITÉCNICA DA UNIVERSIDADE DE SÃO PAULO. Papéis de Lebre, Mello & Cia.

BROOKE, J. C. *Church School & Hall Furniture*. Cincinnati, 1884.

CAMERON, R. M. *Catalogue of School Furniture & Fittings for Board School*. Edinburgh, [s. d.].

CÓDIGO COMERCIAL DE 1850. Lei n.556, de 25 de junho de 1850.

DELAGRAVE. *Catalogue Spécial de Mobilier, Materiel Scolaire et accessories de classes*. Paris: Librairie Ch. Delagrave, 1890.

DEYROLLE. Material mimeografado fornecido pela empresa em julho de 2008.

EDWARD E. BABB AND CO. *Illustrated Catalogue of School Supplies*. Boston, Mass., 1897-1898.

FRANCE. Ministère du commerce. *Bulletin consulaire français:* recueil des rapports commerciaux adressés au Ministère des affaires étrangères par les agents diplomatiques de France à l'étranger. Paris: Bibliothèque du Ministère des Affaires étrangères, 1890-1891.

*Guia para os visitantes da Exposição Pedagógica*. Rio de Janeiro: Imprensa Oficial, 1883.

J. A. BANCROFT & Co. *Descriptive and Illustrated Catalogue of School Furniture, Apparatus, Globes, Maps & C*. Philadelphia.

JORNAL *A notícia* (RJ), 14 de novembro de 1899, p.2. Disponível em: http://memoria.bn.br/DocReader/830380/5977. Acesso em: 19 mar. 2024.

JORNAL *O Paiz* (RJ), 1889, 24 de setembro, p.3. Disponível em: http://memoria.bn.br/DocReader/178691_01/7726. Acesso em: 19 mar. 2024.

JORNAL DO COMMERCIO. Rio de Janeiro, 23 de julho de 1892.

JORNAL DO COMMERCIO. Rio de Janeiro, 26 de janeiro de 1897, p.6.

LENOIR. *Catalogue*. Mobilier des écoles. Paris, 1879.

LES FILS D'ÉMILE DEYROLLE. *Fabrique de Mobilier et de Matèriel Scolaire*. Paris, 1898.

LES FILS D'ÉMILE DEYROLLE. *Fabrique du Mobilier et du Matèriel Scolaire pour les enseignements maternel, primaire, secondaire et superieur*. Paris, 1897.

P. GARCET & NISIUS. *Mobilier Scolaire et Matériel d'Enseignement*. Catalogue. Paris, 1882.

REGULAMENTO DA INSTRUÇÃO PRIMÁRIA E SECUNDÁRIA DO DISTRITO FEDERAL. *Revista Pedagógica*, tomo I, out. 1890 – mar. 1891, p.27-77.

*Revista Pedagógica,* n.18, 1892.

ROSS, Joseph L. *Illustrated Catalogue of Improved School, Church, and Vestry Furniture.* Boston: Hollis & Gunn, Book and Job Printers, 1872.

SAMUEL, Raphael. *Village Life and Labour.* Londres: Routledge, 1975.

SAMUEL WALES, Jr. *The Guide:* A Description of the Modern School Furniture. Boston, 1855.

SANTA-ANNA NERY, F.J. de. L'instruction publique au Brésil. *Revue Pédagogique.* Paris, t.V, jul.-dez. 1884, p.204-24.

SCHOROEDER-GUDEHUS, Brigitte; RASMUSSEN, Anne. *Les Fastes Du Progrès:* Guide des Expositions Universaelles, 1851-1992, 1992.

SHERWOOD, Geo & C. W. *A Descriptive and Illustrated Catalogue of School Furniture.* Chicago: Tribune Company's Book and Job Printing Establishment, 1864.

STERLING SCHOOL FURNITURE Co. *Price List of School, Church, Court House, and Office Furniture.* Albany, Nova York, 1875.

THE NATIONAL SCHOOL FURNITURE Co. *Illustrated Catalogue of New and Improved Styles of School and Church Furniture and School Apparatus.* Nova York; Chicago, 1872.

UNION SCHOOL FURNISHING Co. *School Furniture and Supplies.* Catalog n.M-29. Chicago, Illinois, 1893.

UNION SCHOOL FURNITURE COMPANY. *Descriptive Catalogue of School Furniture and Supplies.* Manufactured by Union School Furniture Company. Factory and Office. Battle Creek, Michgan, 1889.

WILLIAM O. HASKELL & SON. *Illustrated Catalogue of the Boston School Furniture.* Manufactory. Boston, Mass., 1870.

WHITCOMB, A. G. *Illustration of Improved School Furniture.* 3.ed. Boston, Mass., 1875 (1844).

SOBRE O LIVRO

*Formato*: 14 x 21 cm
*Mancha*: 23,7 x 42,5 paicas
*Tipologia*: Horley Old Style 10,5/14
*Papel*: Off-white 80 g/m² (miolo)
Cartão Triplex 250 g/m² (capa)
*1ª edição Editora Unesp*: 2024

EQUIPE DE REALIZAÇÃO

*Capa*
Quadratim Editorial

*Edição de texto*
Silvia Massimini Felix (Copidesque)
Jennifer Rangel de França (Revisão)

*Editoração eletrônica*
Eduardo Seiji Seki

*Assistente de produção*
Erick Abreu

*Assistência editorial*
Alberto Bononi
Gabriel Joppert

Impressão e acabamento: